이화 한국어

참고서

STUDY GUIDE

이화여자대학교 언어교육원
Ewha Womans University
Ewha Language Center

이화 한국어 참고서

신희랑 지음

English Version

4

E PRESS

이화 한국어 참고서 4 (English Version)

지은이 신희랑

펴낸날 초판 1쇄 2016년 5월 31일
2쇄 2019년 12월 30일
펴낸이 김헌민 **펴낸곳** 이화여자대학교출판문화원
주소 서울특별시 서대문구 이화여대길 52(우 03760) **등록** 1954년 7월 6일 제9-61호
전화 02) 3277-2965(편집), 02) 362-6076(마케팅)
팩스 02) 312-4312 **전자우편** press@ewha.ac.kr **홈페이지** www.ewhapress.com

번역 조윤정·한미선 **감수** 홍영예 **진행** 김현진·정누리
책임편집 이혜지 **디자인** 김리영·강다원 **인쇄** 한영문화사

ISBN 979-11-5890-158-5 18710
978-89-7300-875-9 (세트)
값 12,000원

* 잘못된 책은 구입처에서 바꾸어 드립니다.

* 이 도서의 국립중앙도서관 출판시도서목록(CIP)은 서지정보유통지원시스템 홈페이지(http://seoji.nl.go.kr)와 국가자료공동목록시스템 (http://www.nl.go.kr/kolisnet)에서 이용하실 수 있습니다.(CIP제어번호: CIP2016011865)

Contents

Table of Contents

Contents

Part3		Vocabulary Check
읽어 봅시다	관용 표현	
V&E 되는 대로 살다 / 세상을 다 가진 듯이 기쁘다 / 꽃 피우게 하다 RG Reading the narrative to comprehend how the special encounter progresses and why it was special	낯이 익다 낯을 가리다 눈살을 찌푸리다	TV Personality
V&E 한두 가지가 아니다 / 그림의 떡 / 말할 필요도 없다 RG Reading the contributed article to comprehend difficulties and problems in daily life and ways to deal with them	골치가 아프다 내 코가 석 자다 눈앞이 캄캄하다	
V&E 쏟아져 나오다 / 자막이 화면을 가득 채우다 RG Reading the critique to comprehend the reason for criticism of TV programs, the major points being criticized and the grounds for such criticism	낯이 뜨겁다 눈에 거슬리다 눈 뜨고 볼 수 없다	TV Broadcasting
V&E 다양한 직업이 존재한다는 것은 직업 선택의 폭이 넓다는 것을 보여 준다 / 이러한 유형에 속하는 직업으로는 RG Reading the article on categorization to comprehend the standards for classification of job types and the characteristics of different categories	속이 타다 물 건너가다 발 뻗고 자다	TV Getting a Job
V&E 최근 들어 / 한 박자 쉬다 RG Reading the contributed article to learn about different travel destinations, their locations, special points of interest, and things to see and do there	눈에 선하다 발이 묶이다 바가지를 쓰다	TV Travel
V&E 속이 든든해지다 / 마음을 뒤로하고 RG Reading the review to learn about the writer's purpose for visiting the famous restaurant and the related schedule, the location of the restaurant, the interior and exterior appearance, and the look and taste of the food	입이 짧다 군침이 돌다 간에 기별도 안 가다	TV Symptom
V&E 추석빔 / 안성맞춤이다 RG Reading the introductory article to learn about the origins of Chuseok, and the customs, food and games related to this tradiitonal Korean holiday	녹초가 되다 손이 모자라다 손꼽아 기다리다	TV Special Days
V&E 순으로 나타났다 / 그 뒤를 이었다 RG Reading the survey report to find out the reason for and purpose of the survey on marriage, survey target groups and questions, and survey results	국수를 먹다 바가지를 긁다 눈에 콩깍지가 씌다	TV Marriage
V&E 현주소를 반영하다 / 축구를 좋아하는 영수네, 딸부자 수미네 RG Reading the newspaper column to find out about the incident that arose from conflict between neighbors, the reason for the incident, and the writer's suggestions on restoring good relations with the neighbors	색안경을 끼고 보다 발 벗고 나서다 귀를 기울이다	TV Helping the Neighbors
V&E 혜택을 아무도 누릴 수 없게 될 것이다 / 이웃 간의 신뢰와 이해를 바탕으로 RG Reading the argument to comprehend the writer's point of view on regional selfishness and the grounds for the writer's argument	눈감아 주다 시치미를 떼다 낯이 두껍다	TV Issues in Modern Society

How to Use This Book

『이화 한국어 참고서 4』 is a study guide for Korean-language learners, accompanying the textbooks 『이화 한국어 4』. This study guide contains detailed explanation of the grammar, vocabulary and expressions used in the Preparation (준비합시다), Speaking (말해 봅시다), Listening (들어 봅시다), Reading (읽어 봅시다), Idiomatic Expressions (관용 표현) sections of each unit. Additionally, the scripts for 들어 봅시다 have been translated into English.

준비합시다

Grammar Focus

Grammar points are clearly explained with morphological information in the table below, helping students to understand the usage of grammatical structures and various irregular forms. Adjectives are marked as A, verbs V, and nouns N. In addition, various examples are given to demonstrate grammar in use.

Focus Plus

More detailed explanations of grammar are given such as the constraints of certain forms, alternative meanings in the given examples, or differences with other similar grammatical structures, to help students to reduce errors in using grammatical structures.

Answers

Answers to the exercises in the textbook are given. Students can check the correct answers for themselves

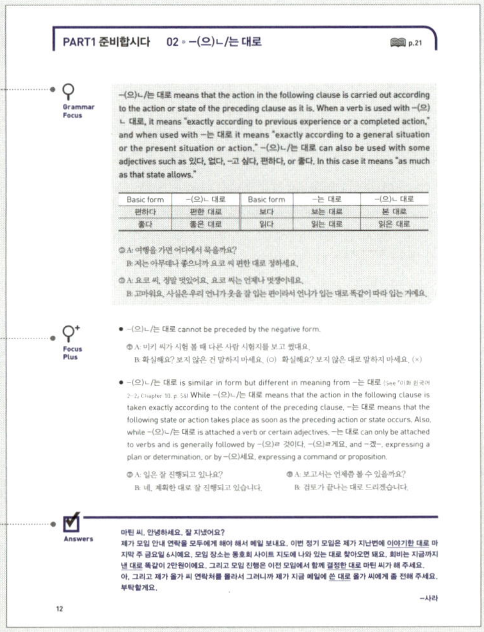

PART1 준비합시다 02 » -(으)ㄴ/는 대로 p.21

Grammar Focus

-(으)ㄴ/는 대로 means that the action in the following clause is carried out according to the action or state of the preceding clause as it is. When a verb is used with -(으)ㄴ 대로, it means "exactly according to previous experience or a completed action," and when used with -는 대로 it means "exactly according to a general situation or the present situation or action." -(으)ㄴ/는 대로 can also be used with some adjectives such as 있다, 없다, -고 싶다, 편하다, or 좋다. In this case it means "as much as that state allows."

Basic form	-(으)ㄴ 대로	Basic form	-는 대로	-(으)ㄴ 대로
편하다	편한 대로	보다	보는 대로	본 대로
좋다	좋은 대로	읽다	읽는 대로	읽은 대로

A: 여행을 가면 어디에서 묵을까요?
B: 저는 아무데나 좋으니까 요코 씨 편한 대로 정하세요.

A: 요코 씨, 정말 멋있어요. 요코 씨는 언제나 멋쟁이네요.
B: 고마워요. 사실은 우리 언니가 옷을 잘 입는 편이라서 언니가 입는 대로 똑같이 따라 입는 거예요.

Focus Plus

- -(으)ㄴ/는 대로 cannot be preceded by the negative form.

A: 미키 씨가 시험 볼 때 다른 사람 시험지를 보고 썼대요.
B: 확실해요? 보지 않은 건 말하지 마세요. (O) 확실해요? 보지 않은 대로 말하지 마세요. (×)

- -(으)ㄴ/는 대로 is similar in form but different in meaning from -는 대로 (See 『이화 한국어 2-2』 Chapter 10, p. 56) While -(으)ㄴ/는 대로 means that the action in the following clause is taken exactly according to the content of the preceding clause, -는 대로 means that the following state or action takes place as soon as the preceding action or state occurs. Also, while -(으)ㄴ/는 대로 is attached a verb or certain adjectives, -는 대로 can only be attached to verbs and is generally followed by -(으)ㄹ 것이다, -(으)ㄹ게요, and -겠-, expressing a plan or determination, or by -(으)세요, expressing a command or proposition.

A: 일은 잘 진행되고 있나요?
B: 네, 계획한 대로 잘 진행되고 있습니다.

A: 보고서는 언제쯤 볼 수 있을까요?
B: 검토가 끝나는 대로 드리겠습니다.

Answers

마틴 씨, 안녕하세요. 잘 지냈어요?
제가 모임 안내 연락을 모두에게 해야 해서 메일 보내요. 이번 정기 모임은 제가 지난번에 이야기한 대로 마지막 주 금요일 6시예요. 모임 장소는 동호회 사이트 지도에 나와 있는 대로 찾아오면 돼요. 회비는 지금까지 낸 대로 똑같이 2만원이에요. 그리고 모임 진행은 이전 모임에서 함께 결정한 대로 마틴 씨가 해 주세요.
아, 그리고 제가 올가 씨 연락처를 몰라서 그러니까 제가 지금 메일에 쓴 대로 올가 씨에게 좀 전해 주세요.
부탁할게요.

—사라

12

말해 봅시다 / 들어 봅시다 / 읽어 봅시다 / 관용 표현

Vocabulary & Expression

Detailed explanations of meaning and usage are given for words and expressions that are useful in daily life. Various examples are given to increase students' understanding.

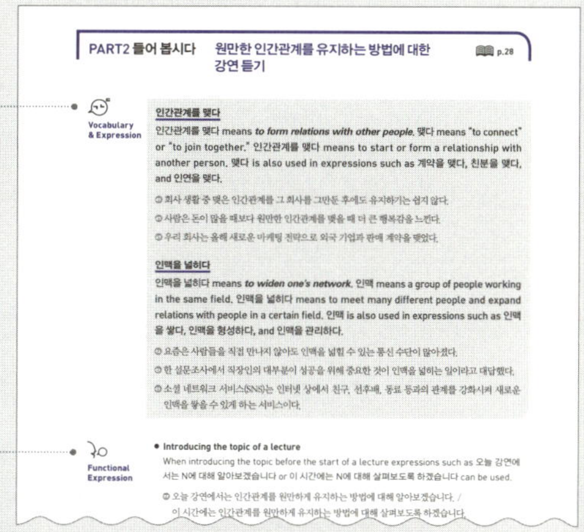

Functional Expression

Explanations for functional expressions related with the topic of the Speaking and Listening sections are given in such a way that students can learn to apply them in different situations.

Script

The texts for the Listening section in the textbook have all been translated into English to help students easily understand the contents.

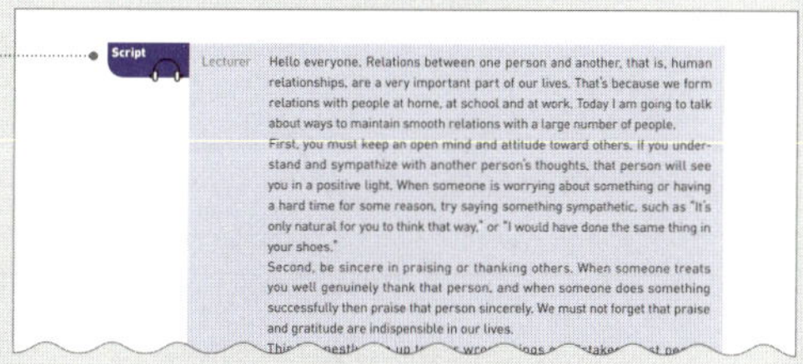

Reading Guide

The types of reading texts are presented to help learners better study the Reading section, together with a guide to the learning focus.

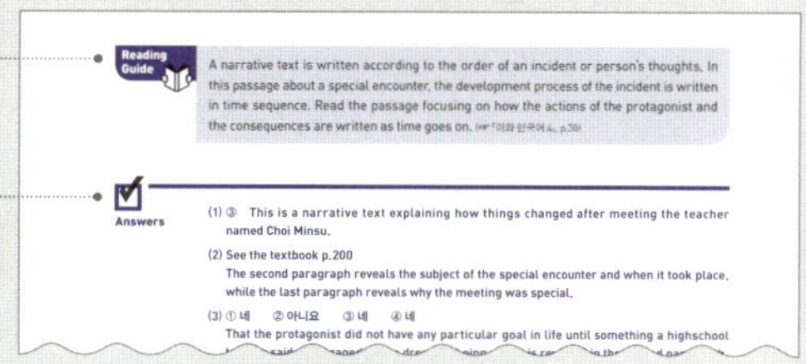

Answers

Answers to the questions in the Listening and Reading sections are given along with explanations that will help students to confirm their knowledge and understand the contents.

Idiomatic Expressions

In each unit, idiomatic expressions related to the main topic are given as a way to teach students about cultural elements in the language. In addition, usage examples are given to help students to use idiomatic expressions accurately.

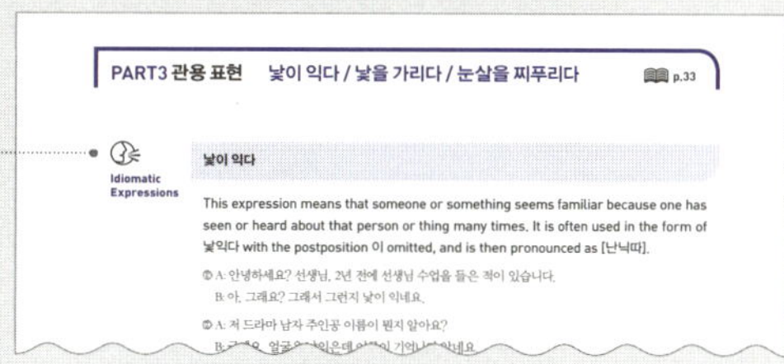

Vocabulary Check

New words listed in the textbook have been translated. Vocabulary words and expressions that are related with the topic of each section are further presented. In addition, new vocabulary words from 『이화 한국어 참고서 4』 are listed in the glossary.

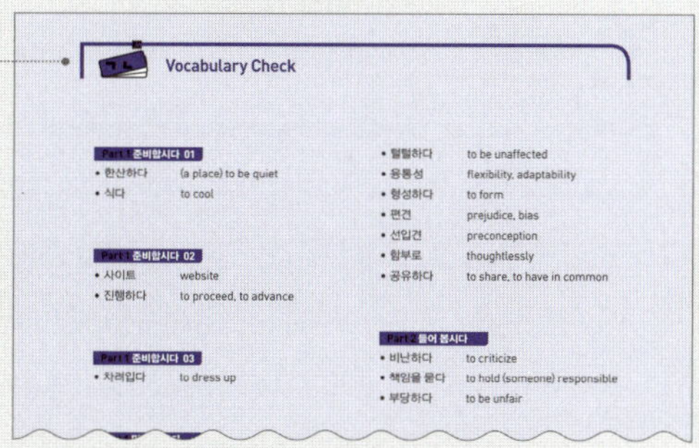

PART1 준비합시다 01 • –더니

p.20

Grammar Focus

–더니 is used to state that a present truth or situation is different from what is known, judging from past experience or observation. Hence, the content of the preceding clause and that of the following clause must be in contrast with each other. –더니 is attached to an adjective or a verb.

Basic form	–더니	Basic form	–더니
예쁘다	예쁘더니	가다	가더니
작다	작더니	먹다	먹더니
춥다	춥더니	살다	살더니

ex A: 깨우 씨는 벌써 퇴근했나 봐요.
B: 네. 보통 때는 퇴근이 늦더니 오늘은 일찍 집에 갔어요.

ex A: 올해 겨울은 유난히 추운 것 같아요.
B: 맞아요. 작년 겨울에는 별로 춥지 않더니 올해는 눈도 많이 오고 정말 춥네요.

ex A: 수진 씨, 어제는 기운이 없더니 오늘은 활기가 있어 보이네요.
B: 네. 면접을 본 회사에서 연락이 없어서 어제는 하루 종일 기분이 안 좋았는데 조금 전에 합격 소식을 들었거든요.

ex A: 유키 씨, 발표 준비로 요즘 계속 밤을 새우고 있다면서요? 체력이 정말 대단하네요.
B: 아니에요. 전에는 며칠 밤을 새워도 괜찮더니 요즘에는 좀 힘드네요.

ex A: 어제 왕단 씨와 노래방에 갔는데 한국 노래를 정말 많이 알던데요.
B: 맞아요. 처음 한국에 왔을 때는 한국 노래를 하나도 모르더니 요즘엔 모르는 노래가 없어요.

ex A: 은영 씨는 아직도 운동을 열심히 해요?
B: 아니요. 지난달까지는 하루도 빠지지 않고 헬스클럽에 다니더니 요즘은 잘 가지 않는 것 같아요.

ex A: 존 씨는 방학 때마다 놀러 가더니 이번에는 아무 데도 안 가네요.
B: 이번 방학에는 시험공부를 한대요.

ex A: 히로 씨는 정말 한국 음식을 잘 먹네요.
B: 그러게요. 처음에 한국에 왔을 때는 김치도 못 먹더니 지금은 매운 음식도 잘 먹던데요.

Focus Plus

- In the preceding clause containing –더니, the subject cannot be in the first person. In addition, the preceding and following clauses must have the same subject or content.

  ex 얀 씨는 옛날에 술을 많이 마시더니 이제는 술을 안 마셔요. (○)
  저는 옛날에 술을 많이 마시더니 이제는 술을 안 마셔요. (×)

  ex 아이가 예전에는 TV만 보더니 요즘엔 공부를 열심히 해요. (○)
  아이가 예전에는 TV만 보더니 친구들은 공부를 열심히 해요. (×)

  ex 항상 까다롭던 김 선생님이 결혼하더니 성격이 털털해졌어요.

- The preceding clause containing -더니 can have a subject in the first person when it expresses a change in the speaker's feelings or preference.

  ex A: 마틴 씨, 이제 기분은 좀 나아졌어요?
  B: 네. 아까는 기분이 우울하더니 친구하고 얘기하고 나서 괜찮아졌어요.

  ex A: 흐엉 씨, 이젠 매운 음식을 잘 먹네요.
  B: 네. 처음 한국에 왔을 때는 매운 음식이 싫더니 지금은 맛있어요.

- When the subject of the preceding clause containing -더니 is in the second or third person, -더니 is not used with the past tense form -았/었-.

  ex 요코 씨는 새 학기가 시작됐을 때는 반 친구들과 잘 안 어울려 다니더니 지금은 매일 어울려 다녀요. (○)
  요코 씨는 새 학기가 시작됐을 때는 반 친구들과 잘 안 어울려 다녔더니 지금은 매일 어울려 다녀요. (×)

- -더니 is used to talk about a new situation different from the already known fact, and it is also used when the content of the preceding clause is the cause of the following clause. In this case the subject of the preceding clause containing -더니 must be in the second or third person, and the subject or topic of the preceding and following clauses must be the same.

  ex 민수 씨가 어제 아픈데도 무리해서 일을 하더니 결국 오늘 회사에 오지 못했어요.

  ex 일주일 동안 쉬지 않고 비가 오더니 남쪽 지방이 물난리로 많은 피해를 입었다.

- -더니 is also used when a certain fact or situation is immediately followed by another situation. In this case again, the subject of the preceding clause containing -더니 must be in the second or third person, and the subject or topic of the preceding and following clauses must be the same.

  ex 동생이 집에 들어오더니 인사도 안 하고 자기 방에 들어가 버렸다.

  ex 왕단 씨는 인터넷에서 김치찌개 만드는 법을 찾아서 읽더니 바로 김치찌개를 만들기 시작했다.

Answers

① A: 왕단 씨는 요즘도 중국 음식만 먹어요?
B: 아니요. 예전에는 중국 음식만 먹더니 이제 한식을 더 좋아한대요.

② A: 깨우 씨는 요즘도 날마다 수영장에 가요?
B: 아니요. 지난달까지 날마다 수영장에 가더니 이제 시간이 없어서 운동을 전혀 못 한대요.

③ A: 유키 씨는 요즘도 수업 후에 아르바이트를 해요?
B: 아니요. 지난 학기까지 수업 후에 아르바이트를 하더니 힘들어서 그만두었대요.

④ A: 사라 씨는 요즘도 댄스 동아리 활동에 열심히 참여해요?
B: 아니요. 작년까지 댄스 동아리 활동에 열심히 참여하더니 이제 춤에 대한 열정이 식어서 자주 빠진대요.

Grammar Focus

–(으)ㄴ/는 대로 means that the action in the following clause is carried out according to the action or state of the preceding clause as it is. When a verb is used with –(으)ㄴ 대로, it means "exactly according to previous experience or a completed action," and when used with –는 대로 it means "exactly according to a general situation or the present situation or action." –(으)ㄴ/는 대로 can also be used with some adjectives such as 있다, 없다, –고 싶다, 편하다, or 좋다. In this case it means "as much as that state allows."

Basic form	–(으)ㄴ 대로	Basic form	–는 대로	–(으)ㄴ 대로
편하다	편한 대로	보다	보는 대로	본 대로
좋다	좋은 대로	읽다	읽는 대로	읽은 대로

ex A: 여행을 가면 어디에서 묵을까요?
B: 저는 아무데나 좋으니까 요코 씨 편한 대로 정하세요.

ex A: 요코 씨, 정말 멋있어요. 요코 씨는 언제나 멋쟁이네요.
B: 고마워요. 사실은 우리 언니가 옷을 잘 입는 편이라서 언니가 입는 대로 똑같이 따라 입는 거예요.

Focus Plus

- –(으)ㄴ/는 대로 cannot be preceded by the negative form.

  ex A: 미키 씨가 시험 볼 때 다른 사람 시험지를 보고 썼대요.
  B: 확실해요? 보지 않은 건 말하지 마세요. (○) 확실해요? 보지 않은 대로 말하지 마세요. (×)

- –(으)ㄴ/는 대로 is similar in form but different in meaning from –는 대로 (See 『이화 한국어 2-2』 Chapter 10, p. 56) While –(으)ㄴ/는 대로 means that the action in the following clause is taken exactly according to the content of the preceding clause, –는 대로 means that the following state or action takes place as soon as the preceding action or state occurs. Also, while –(으)ㄴ/는 대로 is attached a verb or certain adjectives, –는 대로 can only be attached to verbs and is generally followed by –(으)ㄹ 것이다, –(으)ㄹ게요, and –겠–, expressing a plan or determination, or by –(으)세요, expressing a command or proposition.

  ex A: 일은 잘 진행되고 있나요?
  B: 네, 계획한 대로 잘 진행되고 있습니다.

  ex A: 보고서는 언제쯤 볼 수 있을까요?
  B: 검토가 끝나는 대로 드리겠습니다.

Answers

마틴 씨, 안녕하세요. 잘 지냈어요?
제가 모임 안내 연락을 모두에게 해야 해서 메일 보내요. 이번 정기 모임은 제가 지난번에 이야기한 대로 마지막 주 금요일 6시예요. 모임 장소는 동호회 사이트 지도에 나와 있는 대로 찾아오면 돼요. 회비는 지금까지 낸 대로 똑같이 2만원이에요. 그리고 모임 진행은 이전 모임에서 함께 결정한 대로 마틴 씨가 해 주세요.
아, 그리고 제가 올가 씨 연락처를 몰라서 그러니까 제가 지금 메일에 쓴 대로 올가 씨에게 좀 전해 주세요.
부탁할게요.

–사라

p.22

Grammar Focus

–(으)ㄴ/는/(으)ㄹ 듯(이) is used when supposing that the action or situation in the following clause is similar or same to the situation in the preceding clause. When attached to an adjective, the form is –(으)ㄴ 듯(이). When –(으)ㄴ 듯(이) is attached to a verb, it means "as if/like a certain situation that has already occurred," and when –는 듯(이) is attached to a verb, it means "as if/like a general everyday situation." When –(으)ㄹ 듯(이) is attached to a verb, it expresses a supposition regarding a situation that is yet to occur.

Basic form	–(으)ㄴ 듯(이)	–는 듯(이)	–(으)ㄹ 듯(이)
크다	큰 듯이	–	–
많다	많은 듯이	–	–
춥다	추운 듯이	–	–
가다	간 듯이	가는 듯이	갈 듯이
먹다	먹은 듯이	먹는 듯이	먹을 듯이
살다	산 듯이	사는 듯이	살 듯이

ex A: 자기소개서 준비를 원서 마감일에 하면 어떻게 해요? 그런 건 미리 미리 했어야지요.
B: 친구가 어렵지 않은 듯이 얘기해서 빨리 할 수 있을 줄 알았어요.

ex A: 유키 씨, 왜 그렇게 콜록거려요? 감기에 걸렸어요?
B: 모르겠어요. 목 안에 뭐가 걸린 듯이 가렵고 답답해요.

ex A:어제 동창회는 재미있었어요?
B: 친구들 때문에 좀 짜증이 났어요. 2시에 만나기로 했는데 모두들 약속이라도 한 듯이 늦게 왔거든요.

ex A: 미나 씨 남편은 미국인인데 한국말을 잘한대요.
B: 정말요? 지난번에 제가 한국어로 인사했을 때 한국어를 전혀 모르는 듯이 영어로 대답을 해서 한국어를 못하는 사람인 줄 알았어요.

ex A: 깨우 씨, 남자 친구하고 얼마나 자주 만나요?
B: 특별한 약속이 있는 날 빼고는 거의 매일 만나듯이 해요.

ex A: 일주일 여행 가는데 뭘 이렇게 이민 갈 듯이 짐을 많이 챙겼어요?
B: 필요한 것을 이것저것 싸다 보니까 이렇게 짐이 많아졌어요.

ex A: 주문할 때는 다 먹을 듯이 많이 주문하더니 반도 못 먹었군요.
B: 먹기 전에는 너무 배가 고파서 다 먹을 수 있을 줄 알았거든요.

Focus Plus

- –(으)ㄴ/는/(으)ㄹ 듯이 is also used in idiomatic expressions as follows.
  - **씻은 듯이 낫다**: to have an illness or wound heal completely as if washed away with water

    ex 감기 때문에 고생했는데 며칠 푹 쉬고 나니까 감기가 씻은 듯이 나았다.

    ex 날씨가 갑자기 추워져서 몸살 기운이 있었는데 약을 먹고 며칠 푹 쉬니까 몸살이 씻은 듯이 나았다.
  - **쥐 죽은 듯이 조용하다**: to be peaceful and quiet without a sound as if a mouse is dead

    ex 부장님께서 큰소리로 김 대리를 야단치신 후로 사무실이 쥐 죽은 듯이 조용해졌다.

    ex 오늘 오후에 시험이 있어서 그런지 항상 시끄러운 교실이 쥐 죽은 듯이 조용하다.
  - **날아갈 듯이 가볍다**: to feel light at heart because all worries and cares have disappeared

    ex 비자 연장 문제 때문에 한동안 골치가 아팠었는데 해결되고 나니까 날아갈 듯이 마음이 가볍다..

    ex 3개월 동안 준비해 온 공연을 무사히 잘 끝내서 마음이 날아갈 듯이 가볍다.
  - **뛸 듯이 기쁘다/기뻐하다**: to be in such a good mood that one feels like jumping for joy or out of excitement

    ex 장학금을 받게 된다는 이야기를 듣고 뛸 듯이 기뻤다.

    ex 가고 싶었던 대학교의 합격 소식을 듣고 부모님은 뛸 듯이 기뻐하셨다.

- –(으)ㄴ/는/(으)ㄹ 듯하다 is formed by attaching the verb 하다 to –(으)ㄴ/는/(으)ㄹ 듯이. It is used when making a guess or supposition about a certain situation.

  ex 평소에 말이 많은 마틴 씨가 오늘 아무 말도 하지 않는 걸 보니까 기분이 좀 안 좋은 듯하다.

  ex 티엔 씨가 요즘 자기 일도 열심히 하고 즐겁게 지내는 걸 보니까 이제는 남자 친구와 이별한 아픔을 다 잊은 듯하다.

  ex 마이클 씨가 한국 친구를 사귀고 싶어 하는 듯해서 한국 친구를 한 명 소개해 주었다.

  ex 저녁에 비가 올 듯해서 우산을 가지고 외출했다.

Answers

① 유키 씨가 감기에 걸린 듯이 자꾸 기침을 해요.

② 수진 씨가 화가 난 듯이 문을 쾅 닫고 방에 들어갔어요.

③ 정우 씨가 기분이 좋은 듯이 콧노래를 부르면서 샤워를 해요.

④ 왕단 씨가 외출할 듯이 옷을 차려입고 화장을 하고 있어요.

Vocabulary & Expression

수업을 잘 따라가다

수업을 잘 따라가다 means ***to keep up well with classes.*** N을/를 잘 따라가다 indicates the ability to keep up with others in some activity. 수업을 잘 따라가다 means one is doing well enough in one's studies to keep up with the other students.

ex A: 선생님, 민수는 학교에 잘 적응하고 있나요?
B: 네, 민수가 학기 중간에 전학을 와서 공부를 힘들어할 줄 알았는데, 의외로 수업을 잘 따라가고 있습니다. 걱정하지 마세요.

ex A: 저는 한국어를 잘 못하는데 수업을 잘 따라갈 수 있을까요?
B: 괜찮아요. 모르는 게 있으면 저에게 물어보세요. 제가 도와 드릴게요.

한국어가 늘다

한국어가 늘다 means ***to increase one's Korean language ability.*** 늘다 means progress in one's ability or skill. 한국어가 늘다 means one's ability at using the Korean language is better than before.

ex A: 사라 씨, 어제 1급에서 같이 공부했던 친구들은 잘 만났어요?
B: 네, 정말 오랜만에 만났는데 몇몇 친구들은 그동안 한국 회사에서 근무해서 그런지 한국어가 예전에 비해 몰라보게 늘었더라고요.

Functional Expression

- **Talking about anticipations regarding a new endeavor**

  When talking about one's anticipations when starting something new, expressions such as –아/어서 설레다, –(으)니까 마음이 들뜨다, or –(으)ㄹ 생각에 가슴이 두근거리다 can be used.

  ex 4급 친구들과 선생님을 만나게 돼서 설레요. /
  4급에서 공부할 생각을 하니까 마음이 들떠 있어요. /
  4급에서 공부할 생각에 벌써부터 가슴이 두근거려요.

- **Talking about concerns regarding a new endeavor**

  When talking about one's concerns or anxieties when starting something new, expressions such as –아/어서 긴장이 되다, –(으)면 안 된다는 생각에 불안하다, or –(으)ㄹ까 봐서 마음이 조마조마하다 can be used.

  ex 이번 시험을 못 볼 것 같아서 긴장이 돼요. /
  이번 시험에서 또 떨어지면 안 된다는 생각에 좀 불안해요. /
  이번 시험에서 좋은 성적을 못 받을까 봐서 마음이 조마조마해요.

PART2 들어 봅시다 원만한 인간관계를 유지하는 방법에 대한 강연 듣기

p.28

Vocabulary & Expression

인간관계를 맺다

인간관계를 맺다 means ***to form relations with other people.*** 맺다 means "to connect" or "to join together." 인간관계를 맺다 means to start or form a relationship with another person. 맺다 is also used in expressions such as 계약을 맺다, 친분을 맺다, and 인연을 맺다.

ex 회사 생활 중 맺은 인간관계를 그 회사를 그만둔 후에도 유지하기는 쉽지 않다.

ex 사람은 돈이 많을 때보다 원만한 인간관계를 맺을 때 더 큰 행복감을 느낀다.

ex 우리 회사는 올해 새로운 마케팅 전략으로 외국 기업과 판매 계약을 맺었다.

인맥을 넓히다

인맥을 넓히다 means ***to widen one's network.*** 인맥 means a group of people working in the same field. 인맥을 넓히다 means to meet many different people and expand relations with people in a certain field. 인맥 is also used in expressions such as 인맥을 쌓다, 인맥을 형성하다, and 인맥을 관리하다.

ex 요즘은 사람들을 직접 만나지 않아도 인맥을 넓힐 수 있는 통신 수단이 많아졌다.

ex 한 설문조사에서 직장인의 대부분이 성공을 위해 중요한 것이 인맥을 넓히는 일이라고 대답했다.

ex 소셜 네트워크 서비스(SNS)는 인터넷 상에서 친구, 선후배, 동료 등과의 관계를 강화시켜 새로운 인맥을 쌓을 수 있게 하는 서비스이다.

Functional Expression

- **Introducing the topic of a lecture**

When introducing the topic before the start of a lecture expressions such as 오늘 강연에서는 N에 대해 알아보겠습니다 or 이 시간에는 N에 대해 살펴보도록 하겠습니다 can be used.

ex 오늘 강연에서는 인간관계를 원만하게 유지하는 방법에 대해 알아보겠습니다. /
이 시간에는 인간관계를 원만하게 유지하는 방법에 대해 살펴보도록 하겠습니다.

- **Presenting ways of solving a problem in order**

In a lecture, when a number of ways to solve a problem are given they can be presented in order using the expressions 첫째, 둘째, 셋째 etc. In the same situation, other expressions that can be used include 먼저, 또한, 끝으로, 첫 번째, 두 번째, 세 번째, or 우선, 다음으로는, 마지막으로는.

ex 원만한 인간관계를 유지하기 위해서는 첫째, 상대방을 배려하는 태도가 중요하다. 둘째, 도움을 받았을 때는 감사함을 표현할 줄 알아야 한다. 셋째, 마음에 들지 않는 사람이라고 해도 함부로 비난하거나 비판해서는 안 된다. /
인간관계를 원만하게 유지하려면 먼저 상대방을 배려하는 태도가 중요하다. 또한 도움을 받았을 때는 감사함을 표현할 줄 알아야 한다. 끝으로 마음에 들지 않는 사람이라고 해도 함부로 비난하거나 비판해서는 안 된다.

Script

Lecturer Hello everyone. Relations between one person and another, that is, human relationships, are a very important part of our lives. That's because we form relations with people at home, at school and at work. Today I am going to talk about ways to maintain smooth relations with a large number of people.

First, you must keep an open mind and attitude toward others. If you understand and sympathize with another person's thoughts, that person will see you in a positive light. When someone is worrying about something or having a hard time for some reason, try saying something sympathetic, such as "It's only natural for you to think that way," or "I would have done the same thing in your shoes."

Second, be sincere in praising or thanking others. When someone treats you well genuinely thank that person, and when someone does something successfully then praise that person sincerely. We must not forget that praise and gratitude are indispensible in our lives.

Third, honestly own up to your wrongdoings or mistakes. Most people, instead of acknowledging that they have done something wrong or made a mistake, defend themselves with excuses. Have the courage to own up to your mistakes. This will not only make the situation clear, it will also help to solve any ensuing problems.

Lastly, do not thoughtlessly criticize others. A single word can hurt another person and wound their pride, and in extreme cases can leave a scar that lasts a whole lifetime. Keep in mind that your criticism and censure of others can damage relations with them.

Well, everyone, what do you think? Did you find today's lecture helpful? If you keep in mind the four things I talked about today, you will be able to maintain good relations with many people.

Answers

(1) ③ **The lecturer presented four ways to maintain good relations with other people. The second among them was to thank and praise others with sincerity. Expressing thanks even when one is not satisfied with something as presented in ③ is not genuine and therefore is not one of the methods presented by the lecturer.**

(2) ④ **Because ④ is criticizing another person without acknowledging one's wrongs it has nothing to do with any of the methods presented by the lecturer.**

(3) ① 네 ② 아니요 ③ 아니요

The third method of maintaining good relations with many people presented by the lecturer is to honestly acknowledge one's wrongs and mistakes. The final method was to refrain from thoughtlessly criticizing or censuring others.

Vocabulary & Expression

되는 대로 살다

되는 대로 살다 means ***to live carelessly***. This expression means to live carelessly, without any particular purpose or plan.

ex 나는 대학 졸업 후 취업 시험에 몇 번 떨어지고 모든 일에 의욕을 잃어서 되는 대로 살았는데 그때 그렇게 산 걸 지금 후회하고 있다.

세상을 다 가진 듯이 기쁘다

세상을 다 가진 듯이 기쁘다 means ***to be as happy as if one has everything one wished for***. This literally means to be happy as if one owned the whole world. It is a figurative expression indicating that one is happy because everything one has hoped for has been realized. 세상을 다 가진 듯이 is generally followed by positive adjectives such as 기쁘다 or 행복하다.

ex 친구는 대학교 합격 소식을 듣고 세상을 다 가진 듯이 기뻐했다.

ex 나는 남자 친구의 청혼을 받고 세상을 다 가진 듯이 행복했다.

꽃 피우게 하다

꽃 피우게 하다 means ***to make something flourish***. 꽃을 피우다 literally means that ripe buds bloom into flower. 꽃 피우게 하다 is the causative form of 꽃을 피우다 and a figurative expression that means to develop something so that it flourishes.

ex 두 사람은 고향을 떠나 타국에서 함께 고생하면서 서로 사랑을 꽃 피우게 되었다.

Reading Guide

A narrative text is written according to the order of an incident or person's thoughts. In this passage about a special encounter, the development process of the incident is written in time sequence. Read the passage focusing on how the actions of the protagonist and the consequences are written as time goes on. (☞「이화 한국어 4」, p.30)

Answers

(1) ③ This is a narrative text explaining how things changed after meeting the teacher named Choi Minsu.

(2) See the textbook p.200
The second paragraph reveals the subject of the special encounter and when it took place, while the last paragraph reveals why the meeting was special.

(3) ① 네 ② 아니요 ③ 네 ④ 네
That the protagonist did not have any particular goal in life until something a highschool teacher said encouraged him to dream of being a pilot is revealed in the second paragraph.

(4) See the textbook p.200 The final paragraph describes that meeting in a figurative way.

Idiomatic Expressions

낯이 익다

This expression means that someone or something seems familiar because one has seen or heard about that person or thing many times. It is often used in the form of 낯익다 with the postposition 이 omitted, and is then pronounced as [난닉따].

ex A: 안녕하세요? 선생님, 2년 전에 선생님 수업을 들은 적이 있습니다.
B: 아, 그래요? 그래서 그런지 낯이 익네요.

ex A: 저 드라마 남자 주인공 이름이 뭔지 알아요?
B: 글쎄요. 얼굴은 낯익은데 이름이 기억나지 않네요.

낯이 설다(= 낯설다)

This expression is the opposite of 낯이 익다. It means that someone or something seems unfamiliar.

ex A: 회사를 옮긴 지 별로 안 돼서 좀 힘들지?
B: 아직은 분위기가 낯설어서 그렇기는 한데 곧 익숙해지겠지.

낯을 가리다

This expression means that one makes a clear distinction in responding to people who are familiar and those who are unfamiliar. The noun form **낯가림** is also often used in expressions such as **낯가림이 심하다/심하지 않다** or **낯가림이 있다/없다.**

ex A: 처음에는 말이 없어서 차가운 분인 줄 알았어요.
B: 낯을 좀 가리는 편이라서 처음 본 사람 앞에서는 말을 잘 못해요.

ex A: 아기를 안아 봐도 돼요? 모르는 사람이라고 울지는 않을까요?
B: 네, 괜찮을 거예요. 아기가 낯가림이 심하지는 않아요.

눈살을 찌푸리다

This expression means to wrinkle the brow as a sign of one's dissatisfaction. When the subject is the first person, it is often used in the passive form such as **눈살을 찌푸리게 되다** or **눈살이 찌푸려지다.**

ex A: 사장님께서는 이번 프로젝트 결과가 마음에 안 드시는 모양이에요.
B: 그러게요. 회의 시간 내내 눈살을 찌푸리시더라고요.

ex A: 이 사진 좀 보세요. 사람들이 축구 경기는 재미있게 보고 쓰레기는 치우지도 않고 돌아갔네요.
B: 그러네요. 이런 걸 보면 저도 모르게 눈살이 찌푸려져요.

Vocabulary Check

Part 1 준비합시다 01

- 한산하다 (a place) to be quiet
- 식다 to cool

Part 1 준비합시다 02

- 사이트 website
- 진행하다 to proceed, to advance

Part 1 준비합시다 03

- 차려입다 to dress up

Part 1 말해 봅시다

- 진급 promotion
- 한자어 Chinese-character word, Sino-Korean word
- 헷갈리다 to be confused

Part 2 토의해 봅시다

- 유지하다 to maintain
- 모가 나다 to be unsociable, to be difficult to get along with
- 소심하다 to be timid, to be cautious
- 우유부단하다 to be indecisive
- 직선적이다 to be direct, to be straightforward (in speech or behavior)
- 예민하다 to be sensitive
- 수줍음을 타다 to be shy
- 변덕스럽다 to be fickle
- 겸손하다 to be modest
- 무뚝뚝하다 to be brusque, to be blunt
- 털털하다 to be unaffected
- 융통성 flexibility, adaptability
- 형성하다 to form
- 편견 prejudice, bias
- 선입견 preconception
- 함부로 thoughtlessly
- 공유하다 to share, to have in common

Part 2 들어 봅시다

- 비난하다 to criticize
- 책임을 묻다 to hold (someone) responsible
- 부당하다 to be unfair

Part 3 읽어 봅시다

- 시청각 장애인 sight and hearing disabled (person)
- 최초 first
- 학사 학위 bachelor's degree
- 놀림 teasing
- 암흑 darkness
- 진흙 mud, dirt
- 원석 rough stone
- 도자기 ceramics
- 씨앗 seed
- 보석 gem
- 수많다 to be many
- 스승 teacher
- 과언이 아니다 to not be an exaggeration
- 한계 limit
- 극복하다 to overcome
- 청소년 youth
- 동경 longing, aspiration
- 열망 desire

- 조종석 cockpit
- 단비 welcome rain
- 묘사하다 to describe
- 비유적 figurative, metaphoric

Part 3 관용 표현

- 꽁초 cigarette butt
- 못마땅하다 to be dissatisfied, to find something disagreeable
- 양미간을 찡그리다 to wrinkle one's brow

Topic Vocabulary

Personality

- 고집스럽다 to be stubborn
- 괴팍하다 to be cranky, to be finicky
- 꾸밈없다 to be unpretentious
- 다혈질이다 to have an excitable temperament, to be hot tempered
- 발랄하다 to be lively
- 붙임성이 좋다 to be sociable, to be affable
- 상냥하다 to be friendly, to be sweet
- 소탈하다 to be free and easy
- 순수하다 to be innocent, to be genuine
- 순진하다 to be naive
- 순하다 to be gentle
- 심술궂다 to be ill-tempered
- 애교가 많다 to be charming, to have an engaging personality
- 착실하다 to be diligent
- 활발하다 to be active

PART1 준비합시다 01 • -는 한

p.38

Grammar Focus

-는 한 means that a certain condition serves as the premise enabling the following action or situation. It is usually attached to a verb.

Basic form	-는 한	Basic form	-는 한
오다	오는 한	먹다	먹는 한
하다	하는 한	듣다	듣는 한
만나다	만나는 한	돕다	돕는 한

ex A: 선생님, 검사 결과는 어떤가요? 지난 수술 후 치료도 열심히 받고 운동도 꾸준히 했는데 병이 재발하지는 않겠지요?
B: 네. 관리를 잘하셨군요. 괜찮습니다. 지금의 생활 습관을 유지하는 한 병이 재발하지 않을 겁니다.

ex A: 이번 프로젝트를 잘 마무리할 수 있을까요?
B: 글쎄요. 마이클 씨가 혼자서 저렇게 고집을 부리는 한 좋은 결과를 얻기는 힘들 것 같아요.

ex A: 세 달 동안 열심히 살을 뺐는데 다시 찔까 봐 걱정이에요.
B: 지금처럼 운동도 꾸준히 하고 식단도 조절해서 먹는 한 다시 살이 찌지는 않을 거예요.

ex A: 선생님, 우리 아이는 조금 어려운 문제가 생기면 쉽게 포기하고 저에게 도와달라고 하는데 어떻게 하지요?
B: 다른 사람에게 도움을 요청하기 전에 스스로 한번 해결해 보게 하세요. 자꾸 다른 사람의 도움을 받는 한 아이는 문제를 스스로 해결하는 능력을 키울 수 없습니다.

ex A: 깨우 씨, 왜 갑자기 영어 공부를 해요? 회사원도 영어 성적이 필요해요?
B: 네. 승진 때문에요. 영어 시험에 합격하지 않는 한 승진하기가 어렵거든요.

ex A: 유키 씨, 마이클 씨와 이렇게 계속 말 안 할 거예요? 이제 화해하세요.
B: 마이클 씨가 사과하지 않는 한 화해할 생각 없어요.

ex A: 이번에도 박재만 선수가 수영 대회에서 1등을 할까요?
B: 지금까지 항상 1등을 했으니까 이번에도 실수를 하지 않는 한 1등은 문제없을 거예요.

ex A: 어제도 잠을 잘 못 잤나 봐요? 너무 피곤해 보여요.
B: 네. 옆집 사람들이 매일 밤 너무 시끄러워요. 제가 이 집에서 사는 한 잠을 푹 자기는 힘들 것 같아요.

Focus Plus

- -는 한 is not used with -았/-었 even if the preceding clause contains a past situation and is not used in the form of -(으)ㄴ 한.

ex 컴퓨터의 보증서를 보관하고 있는 한 1년 동안 무상으로 수리를 받을 수 있다. (○)
컴퓨터의 보증서를 보관하고 있었는 한 1년 동안 무상으로 수리를 받을 수 있다. (×)

ex 치료제를 계속 먹는 한 건강이 나빠지지는 않을 것이다. (○)
치료제를 계속 먹은 한 건강이 나빠지지는 않을 것이다. (×)

ex 한국에 사는 한 한국 문화와 한국어를 열심히 공부하겠다. (○)
한국에 산 한 한국 문화와 한국어를 열심히 공부하겠다. (×)

- For the verbs 관하다 and 가능하다, there are fixed expressions such as 에 관한 한 and 가능한 한. 될 수 있는 한 is also a fixed expression using –는 한.

ex 음악에 관한 한 그 사람을 따라갈 사람이 없다.

ex 그 자료는 내일 회의 때 사용해야 하는 거니까 가능한 한 빨리 준비해 주세요.

ex 취업을 준비할 때 될 수 있는 한 많은 정보를 찾아보는 것이 중요하다.

- –는 한 and –(으)면 (See 『이화 한국어 1–2』 Chapter 12, p.85) indicate a condition or assumption of an action or event that comes in the following clause. However, –(으)면 is used in various situations indicating a condition and is often attached to a verb, adjective, or noun in the preceding clause. On the other hand, –는 한 is commonly attached to a verb and has a strong emphasis on limiting the range and boundary of what is being assumed in the preceding clause.

ex 내일 날씨가 좋으면 소풍을 갈 것이다. (○)
내일 날씨가 좋은 한 소풍을 갈 것이다. (×)

ex 소개 받은 남자가 성격이 좋은 사람이면 계속 만나 볼 생각이다. (○)
소개 받은 남자가 성격이 좋은 사람인 한 계속 만나 볼 생각이다. (×)

Answers

① A: 식당 예약을 한 시간 전에 취소하고 싶은데 가능한가요?
B: 죄송합니다. 하루 전에 미리 전화를 하는 한 취소가 가능하지만 한 시간 전에 취소하시는 건 불가능합니다.

② A: 3만 원짜리 상품을 무료로 배송 받고 싶은데 가능한가요?
B: 죄송합니다. 5만 원 이상 구입하는 한 무료로 배송해 드릴 수 있습니다. 3만 원짜리 상품은 무료 배송이 불가능합니다.

③ A: 반년 된 노트북을 무상으로 수리 받고 싶은데 가능한가요?
B: 네. 구입한 지 1년이 넘지 않는 한 수리해 드립니다.

④ A: 여행 중 도난당한 물건에 대해 보상을 받고 싶은데 가능한가요?
B: 네. 여행자 보험에 가입되어 있는 한 도난당한 물건에 대해 보상을 받을 수 있습니다.

Grammar Focus

–았/었더니 is used when one comes to newly realize something through experience. It is attached to –아/어 보다, which indicates experience, and is frequently used in the form of –아/어 봤더니.

Basic form	–았/었더니	Basic form	–았/었더니
가다	갔더니	먹다	먹었더니
보다	봤더니	묻다	물었더니
만나다	만났더니	눕다	누웠더니

ex A: 빵을 산다고 나가더니 왜 빈손으로 와요?
B: 가게에 갔더니 아직 문을 안 열었더라고요.

ex A: 유키 씨, 마이클 씨에게 전화해 보세요. 아까 유키 씨를 계속 찾았어요.
B: 안 그래도 전화했더니 안 받더라고요.

ex A: 어제 백화점에서 마음에 들어 했던 가방을 살 거예요?
B: 아니요. 어제 집에 가서 생각해 봤더니 너무 비싼 것 같아요.

ex A: 2주 전에 산 휴대 전화가 고장이 났다면서요? 어떻게 했어요?
B: 서비스 센터에 가서 새 걸로 바꿔 달라고 했더니 제 잘못으로 고장난 거라서 안 된대요.

ex A: 요즘 유키 씨 얼굴 보기가 힘든 것 같아요. 남자 친구라도 생긴 모양이에요.
B: 안 그래도 제가 남자 친구가 생겼냐고 물어봤더니 그냥 회사 일로 바쁜 거라고 하던데요.

ex A: 지난번에 동창회 때 찍은 단체 사진 정말 잘 나왔지요?
B: 글쎄요. 다들 잘 나왔다고 해서 집에서 확인해 봤더니 사진이 별로 선명하지 않던데요.

ex A: 유키 씨가 준 바지 왜 안 입어요?
B: 예쁘기는 한데 제가 입어 봤더니 너무 커서 다른 사람에게 줬어요.

ex A: 요즘 생기가 있어 보이는데 운동을 하시나 봐요?
B: 아니요. 부모님께서 영양제를 보내주셨는데 그 영양제를 꾸준히 먹었더니 전보다 피곤하지 않은 것 같아요.

Focus Plus

- Generally the subject of the preceding clause containing –았/었더니 is in the first person, and the subject of the following clause is the third person. In addition, as the content of the preceding clause with –았/었더니 must be the speaker's recollection of something directly experienced in the past, the future tense cannot be used in the following clause.

  ex 내가 노래를 불렀더니 친구들이 박수를 쳤다. (○)
  내가 노래를 불렀더니 네가 박수를 쳤다. (×)

  ex (내가) 친구에게 전화했더니 전화기가 꺼져 있었다. (○)
  (내가) 친구에게 전화했더니 전화기가 꺼져 있을 것이다. (×)

• -았/었더니 is also used to indicate the cause or reason for the content of the following clause. In such cases, the subject of the preceding clause should be the first person and the subject of the following clause should be either the first person or something related with the first person.

ex A: 수진아, 지금 새벽 2시가 넘었는데 안 자고 뭐 해?
B: (내가) 저녁에 커피를 마셨더니 잠이 오지 않아서 책을 읽고 있어.

ex A: 사라 씨, 지난주에 새로 산 스웨터 왜 안 입어요?
B: (내가) 스웨터를 세탁기로 빨았더니 옷이 너무 작아져서 입을 수 없어요.

• 았/었더니 and -더니 (See 『이화 한국어 4』 Chapter 1, p.20) both indicate that the content of the following clause is the result of what the speaker has directly experienced. -더니 is used when the speaker is explaining to a second or third person what he/she has learnt from observation, so the subject of the preceding clause must also be the second or third person. When using -았/었더니, however, the subject must be the first person.

ex (내가) 공부를 열심히 했더니 성적이 올랐다.
언니가 공부를 열심히 하더니 성적이 올랐다.

ex (내가) 음식을 급하게 먹었더니 소화가 되지 않는다.
친구가 음식을 급하게 먹더니 소화가 되지 않는다고 한다.

• -았/었더니 is only attached to a verb, not an adjective. However, -더니 can be used with an adjective as well.

ex 사라가 어제는 기분이 좋더니 오늘은 기분이 안 좋은 것 같다. (○)
(내가) 어제는 기분이 좋았더니 오늘은 기분이 안 좋은 것 같다. (×)

ex 지난주에는 날씨가 춥더니 이번 주에는 따뜻해졌다. (○)
지난주에는 날씨가 추웠더니 이번 주에는 따뜻해졌다. (×)

Answers

① A: 표정이 안 좋은데 무슨 일 있었어요?
B: 네. 밖에 나가려고 문을 열었더니 집 앞에 누가 쓰레기봉투를 버려 놓았더라고요.

② A: 표정이 안 좋은데 무슨 일 있었어요?
B: 네. 어제 새로 산 옷을 입으려고 했더니 동생이 벌써 입고 나가 버렸더라고요.

③ A: 표정이 안 좋은데 무슨 일 있었어요?
B: 네. 한 시간이나 걸려서 유명한 맛집을 찾아갔더니 정기 휴일이라서 문을 닫았더라고요.

④ A: 표정이 안 좋은데 무슨 일 있었어요?
B: 네. 같이 만나기로 한 친구가 늦어서 전화를 했더니 아직도 집에서 준비를 하고 있더라고요.

Grammar Focus

–(으)며 is used to connect and list more than one fact, action, or state of equal importance. It is usually used in an official interview, presentation, or formal writing, rather than in colloquial speech. –(으)며 is attached to an adjective or a verb and –(이)며 to a noun. In cases where –(으)ㄹ 것이며 is attached to an adjective, it indicates an assumption rather than a future statement.

Basic form	–(으)며	–았/었으며	–(으)ㄹ 것이며
크다	크며	컸으며	클 것이며
작다	작으며	작았으며	작을 것이며
가다	가며	갔으며	갈 것이며
먹다	먹으며	먹었으며	먹을 것이며
친구이다	친구(이)며	친구였으며	친구일 것이며

ex A: 진정한 우정이란 무엇이라고 생각하십니까?
B: 저는 진정한 우정이란 힘들 때 서로에게 힘이 되어 주며 즐거울 때 기쁨을 나누는 것이라고 생각합니다.

ex A: 유키 씨, 자신의 장점을 말씀해 주시겠습니까?
B: 저는 무슨 일이든지 쉽게 포기하지 않으며 어떤 일을 결정할 때 신중한 편입니다.

ex A: 김민수 기자, 오늘 오전 개최된 올림픽 개막식은 어땠습니까?
B: 올림픽 개막식은 굉장히 화려하고 규모가 컸으며 개막식을 취재하러 온 기자들과 올림픽의 감동을 직접 느끼기 위해 몰려온 관객들로 발 딛을 틈이 없었습니다.

ex A: 교수님, 이번 대학 입학시험에 대해 어떻게 생각하십니까?
B: 이번 시험에 응시한 학생들이 작년에 비해 많았으며 시험의 난이도도 지난해에 비해서 쉬웠다는 학생들이 많아서 경쟁률이 치열할 것으로 예상됩니다.

ex A: 이번에 강연을 하실 분은 어떤 분이십니까?
B: 한국대학교를 졸업하시고 미국에서 박사 학위를 받으셨으며 현재 한국 경제학 연구소 소장님으로 계신 김우영 박사님이십니다.

ex A: 박사님, 한국 경제 발전의 시기가 언제부터라고 보십니까?
B: 한국 경제는 1970년대부터 눈부시게 발전했으며 2000년대 초의 경제 위기를 극복한 후 지금도 꾸준히 발전하고 있습니다.

ex A: 이번 학기 문화 수업 일정이 어떻게 됩니까?
B: 문화 수업 때 어디에 갈 것이며, 무엇을 할 것인지 정해지는 대로 자세하게 공지해 드리겠습니다.

ex A: 오늘 아침, 서울의 한 건설 현장에서 큰 사고가 났다고 합니다. 사건 현장에 있는 김영호 기자를 연결해 보겠습니다.
B: 저는 지금 사고 현장에 나와 있습니다. 경찰은 현재 사고를 당한 사람이 누구며 어떻게 사고가 났는지를 조사하고 있습니다.

Focus Plus

- −(으)며 is used to equally connect and list more than one fact and can be used alternately with −고 (See 『이화 한국어 1-2』 Chapter 12, p.82), which has a similar meaning. −고 is a more colloquial expression than −(으)며 and gives the impression that the preceding and following clauses are disconnected and not related to each other. However, −(으)며 gives the impression that the two clauses are correlated and occurring in sequence.

  ex 사라는 한국 문화를 이해하기 위해 꾸준히 공부해 왔으며 한국 문화에 대한 책도 많이 읽었다. (= 꾸준히 공부해 왔고)

  ex 가수 김나라는 한국뿐만 아니라 여러 나라를 무대로 활동하고 있으며 그 실력을 인정받고 있다. (= 활동하고 있고)

  ex 제가 국회 의원이 된다면 이 지역 경제를 살리기 위해 힘쓸 것이며 국민을 위해 봉사하는 정치를 하겠습니다. (= 힘쓸 것이고)

- −(으)며 is also used with the same meaning as −(으)면서. In such cases, −(으)며 is attached to a present tense verb.

  ex 고등학생인 민호는 음악을 들으며 공부하는 것을 좋아한다. (= 들으면서)

  ex 많은 사람들이 한국 드라마를 보며 한국 문화를 배운다. (= 보면서)

  ex 엄마는 음식을 만들며 음악을 들으신다. (= 만들면서)

Answers

① A: 이 청소기의 특징은 무엇입니까?
B: 무엇보다 소음이 적으며 작동이 쉽습니다. 그래서 주부에게 인기를 끌 것으로 보입니다.

② A: 이 운동복의 특징은 무엇입니까?
B: 무엇보다 신축성이 뛰어나며 착용감이 좋습니다. 그래서 운동을 즐기는 사람들에게 인기를 끌 것으로 보입니다.

③ A: 이 자동차의 특징은 무엇입니까?
B: 무엇보다 디자인이 세련됐으며 승차감이 좋습니다. 그래서 20-30대에게 인기를 끌 것으로 보입니다.

④ A: 이 휴대 전화의 특징은 무엇입니까?
B: 무엇보다 기능이 다양하며 배터리가 오래갑니다. 그래서 사람들에게 인기를 끌 것으로 보입니다.

Vocabulary & Expression

밤색에 가깝다

밤색에 가깝다 means ***to be close to brown.*** N에 가깝다 is used to express similarity to an exact situation, shape, color, or flavor that one has in mind.

ex A: 그 가방이 인터넷으로 구입한 가방 맞아요? 갈색 가방을 샀다고 했잖아요.
B: 그러게요. 인터넷으로 봤을 때는 갈색이었는데 받아 보니까 갈색보다는 밤색에 가까운 색이네요.

ex A: 무슨 책을 읽고 있어요? 소설책이에요?
B: 그림이 많아서 소설책이라기보다는 그림책에 가까워요.

규정상

규정상 means ***according to regulations or rules.*** 규정 means rules that must be followed. The expression N상, means that the noun is the basis for conditions that must be followed. Some examples are 절차상, 법규상, and 교칙상.

ex A: 지난주에 이 매장에서 구입한 카메라인데요. 바닥에 떨어뜨리는 바람에 액정이 깨져 버렸어요. 혹시 환불이 가능한가요?
B: 죄송합니다, 고객님. 규정상 구매자의 실수로 고장이 난 제품은 환불해 드릴 수가 없습니다.

ex A: 선생님, 어제 너무 몸이 아파서 시험을 보지 못했어요. 혹시 제가 기본 점수라도 받을 수 있나요?
B: 깨우 씨, 우리 학교 교칙상 시험을 보지 않은 학생에게 점수를 줄 수 없어요.

Functional Expression

- **Making an objection**

When you notice a defect in a purchased item and need to demand a refund, you can strongly complain by saying –아/어도 너무 –아/어요, or –는 건 N이/가 아닌가요?.

ex A: 손님, 주문하신 옷에 무슨 하자가 있습니까?
B: 네. 인터넷에서 옷을 주문했는데 직접 받아 보니까 디자인이 인터넷에서 본 것과 달라도 너무 달라요. 환불해 주세요. /
네. 인터넷으로 옷을 구매했는데 받아 보니까 인터넷에서 본 것과 너무 달라요. 제품이 이렇게 다르다는 건 판매자의 책임 아닌가요? 환불해 주세요.

- **Stating the conditions for a refund**

When the customer's demand for a refund does not comply with the return policy, the seller can tell the customer whether a refund is possible or not according to company rules and policies by using –는 한 –(으)ㄹ 수 있다/없다 or –은/는 거라면 –(으)ㄹ 수 있다/없다.

ex A: 제가 산 이 옷을 환불 받고 싶은데요.
B: 죄송하지만, 구입하신 상품에 문제가 없는 한 환불을 해 드릴 수 없습니다. /
죄송하지만, 단순히 고객님의 마음이 바뀌어서 반품을 요구하시는 거라면 환불해 드릴 수 없습니다.

Vocabulary & Expression

층간 소음으로 이웃 간 다툼이 일어나는 것은 물론 법정까지 가는 일도 있다

층간 소음으로 이웃 간 다툼이 일어나는 것은 물론 법정까지 가는 일도 있다 means ***due to noise between floors, neighbors not only fight with each other they sometimes end up suing each other.*** N은/는 물론 N까지(도) is used to include not just something predictable but things beyond the range of the predictable.

ex 스마트폰은 20~30대는 물론 초등학생까지 사용할 만큼 보편화되었다.

ex 늘 학생에게 모범이 되어야 하는 교사는 말과 행동은 물론 옷차림까지도 신경을 써야 한다.

ex 정신없이 일하다 보면 점심은 물론 저녁까지 거르는 경우가 있다.

청소기나 세탁기 등을 돌리다

청소기나 세탁기 등을 돌리다 means ***to turn on the vacuum cleaner or washing machine.*** 돌리다 is the causative form of 돌다, which means something is performing its proper function. It is often used in expressions such as 청소기를 돌리다, 세탁기를 돌리다, or 기계를 돌리다.

ex 너무 늦은 시간에 세탁기나 청소기를 돌리지 마십시오.

ex 이번 계약을 성공시켜 공장 기계를 다시 돌리지 못한다면 문을 닫을 수밖에 없다.

ex 최근 개발된 로봇청소기는 사람이 직접 청소기를 돌리지 않아도 스스로 깔끔하게 청소를 해서 주부들에게 인기를 끌고 있다.

Functional Expression

- **Asking a question about a fact that others sympathize/agree with**

  When talking about a certain issue that people are already aware of or have experienced, you might want to draw sympathy or agreement from the listeners. To confirm that the other person (or people) have the same point of view, expressions such as -다 보면 -(으)ㄹ 때가 있지요? or -다 보면 -(으)ㄴ/는 점이 한두 가지가 아니지요? can be used.

  ex 기숙사 생활을 하다 보면 룸메이트와 생활 습관이 달라서 힘들 때가 있지요? /
  기숙사 생활을 하다 보면 룸메이트와 생활 습관이 달라서 힘든 점이 한두 가지가 아니지요?

- **Suggesting a solution while asking a question**

  When asking a question regarding a certain issue, sometimes the conversation can be started by asking a question and then immediately suggesting a solution. In this case, the proposed solution can be emphasized by using 무엇보다 or 바로.

  ex 서로 다른 문화 차이로 인한 문제를 어떻게 해결할 수 있을까요? 무엇보다 서로의 문화를 이해하는 것이 가장 중요합니다. /
  서로 다른 문화 때문에 문제가 생겼을 때 해결할 수 있는 가장 좋은 방법에는 무엇이 있을까요? 바로 서로의 문화를 이해하려고 노력해 보는 것입니다.

Script

Actor Kim Jihun

Hello. This is Kim Jihun. There are times in life when neighbors are in conflict for various reasons. These days, a lot of people are having a particularly hard time because of the noise between floors. In a survey of people living in apartment buildings found that the greatest discomfort of living in multi-unit housing was the noise coming from the floors above and below.

You've all been irritated at least once by noise from the neighbors such as the sound of the TV, the barking of dogs, or the children on the floor above running around, haven't you? And when your neighbor holds a party, the noise often prevents you from focusing on your work throughout the day. As the noise between floors leads to disputes between neighbors and sometimes end up in lawsuits, it has recently become a serious social issue.

So, how can we solve the issue? It is important to build apartments with soundproofing materials in order to reduce disputes between neighbors. However, more important are your efforts to observe the etiquette for living in a multi-unit dwelling. You should avoid using the vacuum cleaner or washing machine after 10 pm and, if possible, do not shower late at night. In families with young children, parents should instruct their children not to make too much noise to avoid bothering the neighbors. When planning a party or interior repairs, it is a good idea to seek the understanding of the neighbors in advance. The issue of inter-floor noise in apartment buildings will not be resolved if we do not make concerted efforts to address it. Why don't we give our neighbors some consideration to create a happier community?

Answers

(1) See the textbook p.201

(2) ④ When talking about noise creating a problem between neighbors, the sound of musical instruments was not mentioned.

(3) ① 네 ② 아니요 ③ 아니요

As part of efforts to observe the etiquette of community life, the actor said that the understanding of neighbors should be gained beforehand when planning a party or organizing renovation and repairs. He also said that these days disputes between neighbors often ended up in a courtroom.

PART3 읽어 봅시다 생활의 불편한 점에 대한 투고의 글 읽기

p.47

Vocabulary & Expression

한두 가지가 아니다

한두 가지가 아니다 means ***to be not one or two (but many).*** This expression is used to stress the fact there are many things instead of just one thing.

ex 막상 여행을 떠나려고 하니 준비할 것이 한두 가지가 아니다.

ex 이사를 하고 나니까 필요한 물건이 한두 가지가 아니다.

그림의 떡

그림의 떡 means ***pie in the sky.*** This is an idiomatic expression that indicates one cannot use or have something no matter how much he or she likes it.

ex 값비싼 명품들은 학생인 나에게는 그림의 떡이다.

ex 나에게 이 옷은 사이즈가 맞지 않아 그림의 떡이지만 언니에게는 어울릴 것 같아서 샀다.

말할 필요도 없다

말할 필요도 없다 means ***to be needless to say.*** This expression indicates that it is needless to speak about something because it is just too obvious. 두말 할 것도 없다 is used as a similar expression.

ex 언어를 배울 때 그 나라의 문화와 전통을 이해하는 것이 중요하다는 것은 말할 필요도 없다.

ex 김용준 씨가 한국을 대표하는 배우라는 것은 두말 할 것도 없다.

Reading Guide

Articles from contributors are written by readers for publication in a newspaper or magazine. Read the article focusing on what kind of problems the writer has gone through in life and why, and how the writer wants to improve. (☞『이화 한국어 4』, p.48)

Answers

(1) ④ It raised the issue of the inconvenience of using Internet sites from the foreigners' point of view and also said that the situation should be improved, enabling foreigners to use Internet sites more easily.

(2) ①, ④ The second paragraph shows specific difficulties that foreigners encountered while using the Internet in Korea.

(3) ① 네 ② 아니요 ③ 네
The writer said that when he first came to Korea, he was surprised to see Internet cafes in every alley all over the city and that high-speed Internet access was so common, but found it was inconvenient for a foreigner to actually use the Internet in Korea.

(4) See the textbook p.201

골치가 아프다 / 내 코가 석 자다 / 눈앞이 캄캄하다

p.51

Idiomatic Expressions

골치가 아프다

This expression is often used to express a tough situation where a problem is so hard to solve that it gives a headache.

ex A: 출장이 연기됐다면서요?
B: 네. 갑자기 연기되는 바람에 비행기 표도 취소해야 하고 일정도 다시 짜야 해서 이것저것 골치가 아프네요.

ex A: 졸업 후 1년 동안 봉사 활동을 간다면서요?
B: 네. 그렇게 결정은 했는데 부모님이 계속 반대하셔서 골치가 아프게 되었어요.

내 코가 석 자다

This expression indicates one is so busy that it's hard to pay attention to anything else, like having a bad runny nose that needs constant wiping.

ex A: 히로 씨, 시간이 있으면 마틴 씨의 시험 준비를 좀 도와줄 수 있어요?
B: 미안해요. 제 시험 준비에다가 내일 할 발표 준비까지 해야 돼요. 지금 제 코가 석 자라서 시간이 없네요.

ex A: 유키 씨, 우리 연말에 돈을 모아서 불우 이웃 돕기 성금을 내는 게 어때요?
B: 등록금에 생활비까지 마련하느라 제 코가 석 자예요.

눈앞이 캄캄하다

This expression indicates a devastating situation when one has no idea what to do because the situation is so hopeless.

ex A: 잃어버렸다던 지갑은 찾았어요?
B: 네. 지갑을 잃어버렸을 때는 눈앞이 캄캄했는데 분실물 센터에 갔더니 거기에 있더라고요.

ex A: 기말시험은 잘 봤어?
B: 응. 지난 중간시험 성적을 받고 눈앞이 캄캄했는데 기말시험은 잘 봐서 다행이야.

Vocabulary Check

Part 1 준비합시다 01

- 하자 flaw, defect
- 환불 refund
- 실천 action
- 떼다 to remove
- 배송 shipping, delivery
- 무상 free of charge
- 도난당하다 to have (something) stolen
- 여행자 보험 traveler's insurance
- 청결 cleanliness
- 부득이하다 to be inevitable
- 서운하다 to be regrettable, to be hurtful
- 서먹하다 to feel awkward, to be ill at ease

Part 1 준비합시다 02

- 쑤시다 to ache, to be sore

Part 1 준비합시다 03

- 작동 operation, run
- 신축성 elasticity
- 착용감 fit, wearability
- 승차감 riding quality, comfort

Part 1 말해 봅시다

- 반품 return
- 사유 reason
- 이의 objection
- 제기하다 to raise, to bring up
- 화사하다 to be bright, to be radiant
- 안내 문구 guidelines
- 규정 regulations

Part 2 토의해 봅시다

- 삼가다 to refrain from

Part 2 들어 봅시다

- 소송 lawsuit
- 방음 soundproofing

Part 3 읽어 봅시다

- 절차 procedure
- 보편화되다 to become common, to be widespread, to be popular
- 미니홈피 mini-homepage, personal website
- 블로그 blog
- 막상 actually, in reality
- 주민 등록 번호 resident/registration number
- 입력하다 to input, to punch in
- 고려하다 to consider
- 개선하다 to improve
- 일반적이다 to be common

Part 3 관용 표현

- (일이) 닥치다 to be near at hand, to befall
- 어찌하다 by chance
- 절망적이다 to be desperate

PART1 준비합시다 01 • 치고

p.56

Grammar Focus

치고 means that the noun in the preceding clause agrees with content of the following clause without exception. Sentences containing 치고 are generally negative. It is often used in rhetorical questions of the form N이/가 어디 있어요? to emphasize negation. It is always attached to a noun.

Noun	치고	Noun	치고
가수	가수치고	외국인	외국인치고
아이	아이치고	그림	그림치고

ex A: 조카 생일 선물로 인형을 준비했는데 좋아할지 모르겠네요.
B: 여자 아이치고 인형을 싫어하는 아이가 어디 있나요? 좋아할 거예요.

ex A: 이 식당은 왜 이렇게 가격이 비싸요?
B: 관광지에 있어서 그래요. 관광지 식당치고 음식 값이 비싸지 않은 곳이 별로 없잖아요.

ex A: 박지석 선수, 세계적인 축구 선수가 된 비결은 무엇입니까?
B: 꾸준한 훈련이지요. 운동선수치고 훈련이 중요하다는 걸 모르는 사람은 아마 없을 겁니다.

ex A: 내일 한국 친구들이 우리 집에 오는데 무슨 음식을 준비해야 할지 모르겠어요. 뭐가 좋을까요?
B: 불고기와 잡채는 꼭 준비하세요. 한국 사람치고 이 음식들을 안 좋아하는 사람은 못 봤거든요.

Focus Plus

- 치고 is also used when the general characteristics of the noun in the preceding clause differ somewhat to the content that follows. In such cases 는 is attached to the end of 치고 to emphasize the meaning.

  ex A: 이 가방이 비싸기는 해도 특수 재질로 만들어져서 튼튼하대요.
  B: 그래도 여행용 가방치고는 너무 비싸네요. 백만 원이라니…….

  ex A: 한국의 여름은 정말 덥군요.
  B: 그래도 올해는 여름치고 그렇게 더운 건 아니에요. 비도 간간이 오잖아요.

Answers

① A: 회사에 들어간 지 얼마 안 돼서 실수가 많아요.
B: 신입 사원치고 일을 능숙하게 하는 사람은 없어요. 하나씩 차근차근 배워 나가세요.

② A: 전자 사전을 사고 싶은데 너무 비싸요.
B: 최신형 전자 사전치고 안 비싼 게 없어요. 전자 사전을 사지 말고 휴대 전화의 전자 사전 기능을 이용하세요.

③ A: 유학을 왔는데 부모님이 걱정을 많이 하세요.
B: 부모님치고 자식을 걱정하지 않는 부모님은 없어요. 부모님께서 걱정하시지 않게 이메일이나 전화를 자주 드리세요.

④ A: 할인 매장에서 싸게 산 알람시계가 금방 고장 났어요.
B: 가격이 싼 물건치고 오래 쓰는 물건을 못 봤어요. 다음부터는 잘 따져 보고 사세요.

Grammar Focus

에 따라(서) means that based on the fact or standards mentioned in the preceding clause the situation in the following clause changes or differs. It is generally attached to a noun, and when attached to a verb the form changes to –기에 따라(서). In the case of 에 따라(서), 서 can be omitted.

Noun	에 따라(서)	Basic form	에 따라(서)
정도	정도에 따라(서)	노력하다	노력하기에 따라(서)
시간	시간에 따라(서)	만들다	만들기에 따라(서)

ex A: 학비는 학교마다 똑같아요?
B: 아니요. 학교에 따라 등록금이 조금씩 달라요.

ex A: 이 호텔 숙박비 50% 할인 쿠폰이 있는데 아무 때나 사용할 수 있어요?
B: 예약하시려는 날짜에 따라서 안 되는 때도 있습니다.

ex A: 취업을 준비할 때 외국어 능력이 중요한가요?
B: 그럼요. 외국어 점수에 따라 합격 결과가 달라질 수도 있어요.

ex A: 수진 씨, 학교 근처에 집을 구하려고 하는데 집값이 얼마나 해요?
B: 글쎄요. 집의 위치와 크기에 따라서 집값의 차이가 크니까 학교 근처에 있는 부동산 소개소에 직접 가서 알아보세요.

ex A: 비 오는 날은 괜히 우울하고, 날씨가 좋으면 왠지 기분이 좋아요.
B: 맞아요. 날씨에 따라 사람 기분도 달라지는 것 같아요.

ex A: 여기 있는 상품들은 모두 20% 세일인가요?
B: 아닙니다, 손님. 상품에 따라 조금씩 할인율이 다릅니다.

ex A: 선생님, 어떻게 하면 한국 사람처럼 자연스럽게 말할 수 있을까요?
B: 무엇보다 본인의 노력이 중요합니다. 본인의 노력에 따라 발음도 억양도 더 자연스러워질 수 있어요.

ex A: 라면은 봉지 뒤에 나와 있는 요리법대로 요리해야지요.
B: 아니에요. 먹는 사람 취향에 따라 치즈나 파 같은 걸 더 넣어 먹어도 돼요.

ex A: 의사 선생님, 우리 아이가 4살인데 아직도 제가 먹여 줘야 밥을 먹어요.
B: 아이 식사 습관은 부모가 노력하기에 따라 얼마든지 좋아질 수 있어요. 지금부터라도 조금씩 혼자 먹는 습관을 길러 주세요.

ex A: 선생님, 유학 생활이 너무 힘든데 어떻게 하죠?
B: 글쎄요. 아무리 힘든 상황도 생각하기에 따라서 다를 수 있어요. 긍정적으로 생각하면서 유학 생활을 즐겨 보세요.

Focus Plus

- 에 따라(서) can be used in conjunction with sentences containing interrogative pronouns such as 무엇을 하는가에 따라(서) or 누구와 있느냐에 따라(서). In this case it is attached to a verb or an adjective in the forms –(느)냐, –(으)ㄴ/는가, or –(으)/는지.

  ex A: 야유회 음식은 50인분 정도 준비하면 충분할까요?
  B: 글쎄요. 그날 몇 명이 오느냐에 따라 부족할 수도 있죠.

  ex A: 깨우 씨, 왜 절 보고도 모른 척해요?
  B: 어머, 요코 씨! 머리를 짧게 잘라서 몰라봤어요. 머리 모양을 어떻게 하는지에 따라 사람이 정말 달라 보이는군요.

  ex A: 면접 때 옷차림은 어떻게 하는 것이 좋을까요?
  B: 어떤 회사에 면접을 보러 가는가에 따라 조금씩 차이가 있지만 짙은 색 정장 차림을 하고 가는 게 가장 무난합니다.

  ex A: 마틴 씨, 오늘 저녁 약속 때 차를 가지고 올 거예요?
  B: 장소는 결정됐나요? 어디에서 만나는지에 따라 차를 가져갈지 말지 결정하려고요.

- –기에 따라(서) and –(으)ㅁ에 따라(서) are similar in form but different in meaning. –기에 따라(서) is only used with a verb and indicates that the result changes according to the fact in the preceding clause, which serves as a standard. In contrast, –(으)ㅁ에 따라(서) is used with either a verb or an adjective and indicates that the situation in the preceding clause is the reason for the situation in the following clause.

  ex 조금 불편하기는 하지만 마음먹기에 따라(서) 일회용품 사용을 줄일 수 있다.

  ex 일회용품 사용이 늘어남에 따라(서) 우리가 버리는 쓰레기 양도 늘고 있다.

  ex 컴퓨터는 소비자가 사용하기에 따라(서) 금방 고장 나기도 하고 오래 사용하기도 한다.

  ex 컴퓨터 품질이 좋고 나쁨에 따라(서) 소비자들의 선호도가 결정된다.

Answers

① A: 같은 재료로 만들었는데 음식 맛이 다른 건 왜 그런 거예요?
B: 조리 방법이 달라서 그래요. 조리 방법에 따라 음식 맛이 많이 다르거든요.

② A: 같은 직장인인데 내는 세금 액수가 다른 건 왜 그런 거예요?
B: 소득 수준이 달라서 그래요. 소득 수준에 따라서 내야 하는 세금 액수가 다르거든요.

③ A: 같이 입사한 동기였는데 지금은 직위가 다른 건 왜 그런 거예요?
B: 업무 능력이 달라서 그래요. 업무 능력에 따라 직위가 달라질 수 있어요.

④ A: 같은 반에서 공부했는데 한국어능력시험 결과가 다른 건 왜 그런 거예요?
B: 한국어 실력이 달라서 그래요. 한국어 실력에 따라 한국어능력시험 결과는 당연히 달라집니다.

Grammar Focus

-더라도 is used when the supposed content of the preceding clause has no effect on the result in the following clause or when the action in the following clause proceeds regardless of the content of the preceding clause. It is generally attached to an adjective or a verb, and is used in the form -더라도 with a simple supposed situation, -았/었더라도 with a supposed situation already past, and -겠더라도 with a supposed situation in the future. It is often used with an adverb such as 아무리, 혹시, or 비록.

Basic form	-더라도	-았/었더라도
예쁘다	예쁘더라도	예뻤더라도
가다	가더라도	썼더라도
남다	남더라도	남았더라도
학생이다	학생이더라도	학생이었더라도

ex A: 늦지 않으려고 횡단보도를 급하게 건너다가 차에 치일 뻔했어요.
B: 큰일 날 뻔했네요. 아무리 급하더라도 교통 법규는 지켜야지요.

ex A: 저는 오늘 모임에 참석하지 못할 것 같아요. 오늘까지 끝내야 하는 프로젝트가 있어서 야근해야 되거든요.
B: 히로 씨가 빠지면 재미없을 텐데요. 늦더라도 꼭 오세요.

ex A: 깨우 씨는 항상 아침을 챙겨 먹나 봐요.
B: 네. 저는 아무리 입맛이 없더라도 아침 식사를 거르지 않아요.

ex A: 왕단 씨, 언어는 쓰지 않으면 금방 잊어버리니까 중국에 돌아가더라도 한국어 공부는 계속해야 됩니다.
B: 네, 선생님. 계속 꾸준히 공부할게요.

ex A: 언니, 호텔이 우리가 인터넷에서 본 것과 너무 다른 것 같아. 우리 다른 곳에 묵으면 안 돼?
B: 성수기라 그건 좀 힘들 것 같아. 이 호텔이 마음에 안 들더라도 며칠만 참자.

ex A: 과장님, 말씀하신 대로 기획안을 수정했는데 거래처에 보낼까요?
B: 마이클 씨, 그 기획안은 아주 중요한 서류니까 확인했더라도 보내기 전에 다시 한 번 내용을 확인하세요.

ex A: 입맛이 없어서 도저히 못 먹겠어요.
B: 반도 안 먹었잖아요. 못 먹겠더라도 조금만 더 드세요.

ex A: 우리 아이가 나한테는 안 하는 이야기를 자기 친구들한테는 다 하는 모양이에요.
B: 부모 자식 간이더라도 털어놓지 못하는 말이 있을 수 있잖아요.

Focus Plus

- When expressions such as 무엇을, 무슨 N을/를, and 어디를 are used with –더라도, they must be changed in form to 무엇이든지, 무슨 N(이)든지, and 어디든지 respectively.

  ex 사라 씨는 음식 솜씨가 좋아서 뭘 만들더라도 맛있게 만든다.
  (= 무엇이든지)

  ex 왕단 씨는 무슨 일을 하더라도 열심히 한다.
  (= 무슨 일이든지)

  ex 길을 잘 모르는 사람들도 내비게이션이 있으면 어디를 가더라도 쉽게 찾아갈 수 있다.
  (= 어디든지)

- –더라도 and –아/어도 (『이화 한국어 3–1』 Chapter 4, p.84) are similar in meaning and may be used alternately in many situations. However, –더라도 more strongly indicates that the content of the preceding clause is unlikely to happen. That is, it is used when the situation in the following clause takes place regardless of the low possibility of the content of the preceding clause taking place. –아/어도 rather than –더라도 is used when the content of the preceding clause is more likely to happen.

  ex 다음 학기에 헤어져도 자주 연락하면서 지내요.
  (The parting between the two people in the next semester is almost certain.)

  다음 학기에 헤어지더라도 자주 연락하면서 지내요.
  (The parting between the two people in the following semester is not yet certain.)

Answers

① A: 요즘 피곤해서 숙제를 자주 못 해요.
B: 아무리 피곤하더라도 할 일은 꼭 하세요.

② A: 물건 값이 싸면 필요 없는 것도 사게 돼요.
B: 아무리 싸더라도 필요한 물건인지 따져 보고 사세요.

③ A: 차가 없으면 빨간 불에도 가끔 길을 건너요.
B: 아무리 차가 없더라도 교통 법규를 꼭 지키세요.

④ A: 한국어 공부가 너무 어려워서 그만두고 싶어요.
B: 아무리 어렵더라도 포기하지 말고 계속 노력하세요.

Vocabulary & Expression

지식과 교양을 쌓다

지식과 교양을 쌓다 means ***to become more knowledgable and cultured.*** 쌓다 means to pile things up on top of each other. Hence, 지식과 교양을 쌓다 means to become highly knowledgable and cultured through repeated exposure to knowledge and varied experiences.

ex 대학은 취업을 준비하는 곳이 아니라 사회인이 되기 위해 필요한 지식과 교양을 쌓는 곳이다.

ex 우리는 폭넓은 독서와 깊이 있는 토론을 통해 지식과 교양을 쌓고 스스로 생각하는 힘을 기를 수 있다.

채널을 돌리다

채널을 돌리다 means ***to change the channel.*** This means to switch from one TV channel to another.

ex 딸아이는 좋아하는 오락 프로그램을 보고 있다가 내가 들어가니까 급하게 교육 방송으로 채널을 돌렸다.

ex 가족이 모두 좋아하는 프로그램이 달라서 주말에는 TV 채널을 돌리기 바쁘다.

Functional Expression

- **Saying that a certain TV program is not interesting**

To indirectly express a negative opinion, 좀 or 어쩐지 may be used. For example, N은/는 좀 -(으)ㄴ/는 것 같다, N은/는 어쩐지 -지 않아요?, N은/는 좀 -기만 하지 않아요?

ex A: 지금 다른 채널에서 교양 프로그램을 하고 있는데 그걸 보면 어때요?
B: 글쎄요. 교양 프로그램은 좀 지루하고 답답한 것 같아요. /
교양 프로그램은 어쩐지 딱딱하고 재미없지 않아요? /
교양 프로그램은 좀 재미없고 따분하기만 하지 않아요?

- **Saying that TV programs always end the same way, without exception**

When expressing the idea that certain TV programs always have the same conclusion, expressions such as N이/가 다 그렇다, N이/가 다 거기서 거기다, N이/가 모두 뻔하다, or N치고 -은/는 없다 can be used.

ex A: 이번 드라마도 결국 남녀 주인공이 결혼하는 걸로 끝났어요.
B: 멜로드라마가 다 그렇지요. /
멜로드라마 결말이 다 거기서 거기지요. /
멜로드라마 결말은 안 봐도 모두 뻔해요. /
멜로드라마치고 결말이 슬프게 끝나는 걸 본 적이 없어요.

Vocabulary & Expression

운동을 벌이다

운동을 벌이다 means ***to begin action/a movement***. Aside from exercise, 운동 also means to make moves to achieve a particular goal. 벌이다 means to plan and begin a plan of action or a business or some other activity. It can be used in expressions such as 잔치를 벌이다 or 사업을 벌이다.

ex 선거를 일주일 남겨 두고, 각 정당의 대통령 후보들은 서울 시내를 돌아다니며 선거 운동을 활발히 벌이고 있다.

ex 대회 마지막 날에는 대회에 참석한 모든 선수들이 모여 큰 잔치를 벌였다.

ex 민호 씨는 지난번 사업에 실패하고도 아직 정신을 못 차렸는지 또 다른 사업을 벌이고 있는 것 같다.

판단이 서다

판단이 서다 means ***to evaluate (someone/something)***. This expression indicates that one has made a decision in his/her mind regarding a situation or thing. Generally, it is used in expressions such as -(으)ㄹ지 판단이 서다 or N에 대한 판단이 서다.

ex 한국에 남아서 한국어를 계속 공부해야 할지 중국에 돌아가서 학업을 계속해야 할지 판단이 잘 안 선다.

ex 선택이 어려운 인생의 갈림길에 섰을 때는 일단 그 길이 자기가 원하는 길인지에 대한 판단이 설 때까지 신중하게 생각해 보는 것이 좋다.

ex 공부를 할 때 스스로 '이 정도는 할 수 있다'라는 판단이 서는 계획을 세워야 효과적인 결과를 얻을 수 있다.

Functional Expression

- **Emphasizing an important point**

To emphasize an important fact, expressions such as 무엇보다 -아/어야 하다, 가장 중요한 것으로 N을/를 꼽을 수 있다, or 뭐니 뭐니 해도 N이/가 중요하다 can be used.

ex 'TV 안 보기 운동'을 실천하려면 무엇보다 가족들 간의 의견 일치가 이루어져야 합니다. /
'TV 안 보기 운동'에서 가장 중요한 것으로 이 운동에 대한 가족들 간의 공감대 형성을 꼽을 수 있습니다. /
TV를 보지 않으려면 뭐니 뭐니 해도 가족들이 이것에 대해 동일한 생각을 가지고 있는 것이 중요합니다.

Script

Host	Have you all heard about the campaign to stop watching television? These days, more and more people are said to be joining the campaign. To talk about this issue, in the studio today we have Lee Juhui, director of the Korean Youth Research Institute, who started the campaign several years ago. Ms. Lee, what is the campaign to stop watching television?
Director	These days, people watch too much TV and this has given rise to various problems such as the lack of communication in families. The campaign to stop watching TV involves turning off the TV for at least one day or up to a week to teach children good TV watching habits and to think about the true meaning of family.
Host	I see. But turning off the TV is not an easy thing to do. Don't you think it may be too hard for children in particular?
Director	Yes, that's very likely. There's no child who doesn't like to watch TV. So to carry out this campaign, the family members must come to a concensus not to watch TV. When the child is reluctant to turn off the TV, rather than forcing the issue it is important to explain the reason and make the child understand why the TV should be turned off.
Host	Yes, I see. Then, what should we do to teach children good TV watching habits?
Director	First, to make sure that children are not affected by harmful programs it is a good idea to discuss the content of programs with children when watching TV together. Children will learn to make their own judgements about what they should watch. Also, to prevent children from watching too much TV their viewing time should be set at no more than one hour per day. Another idea is to set aside one day of the week when the TV is not turned on at all. Instead of watching TV the family can talk and spend some meaningful time together.
Host	That way, the time lost watching TV can be regained and help the family grow closer. Thank you for speaking with us today.

Answers

(1) ③, ④ This can be deduced from the director's answer to the question as to what the campaign to stop watching TV is all about.

(2) ④ Allowing children to choose for themselves the programs they want to watch was not mentioned as a way to teach children good TV watching habits.

(3) ① 네 ② 아니요 ③ 네
Both the host and the director think that turning off the TV for even one day is a difficult thing as indicated in the host's question "Don't you think it may be too hard for children in particular?" and the director's answer "There's no child who doesn't like to watch TV."

Vocabulary & Expression

쏟아져 나오다

쏟아져 나오다 means ***to happen all at once***. This expression literally means that the contents of some container are pouring out all at once. Figuratively, it means that many things or phenomena occur at the same time.

- ex 본격적인 여름 휴가철이 시작되자 피서지에서 즐기기 좋은 빠른 댄스 음악들이 쏟아져 나오고 있다.
- ex 요즘 너무 많은 영어 교육 정보가 쏟아져 나오다 보니 뭘 어떻게 공부해야 할지 더 헷갈린다.
- ex 이번 학기에 등록금을 올리겠다는 학교의 발표를 듣고 학생들의 불만이 쏟아져 나오고 있다.

자막이 화면을 가득 채우다

자막이 화면을 가득 채우다 means ***to have subtitles fill the screen***. This expression indicates that the subtitles take up so much space that they seem to fill the whole screen.

- ex 친구의 졸업 작품 발표 영상의 끝에는 도움을 준 많은 사람들의 이름을 쓴 자막이 화면을 가득 채웠다.
- ex 김영호 감독의 이번 새 영화는 특수 효과, 액션 장면 등 화려한 볼거리가 화면을 가득 채우고 있다.
- ex 요즘 거의 모든 프로그램에서 불필요하게 자막을 많이 사용하는데 화면을 가득 채운 자막들은 시청자들의 눈살을 찌푸리게 한다.

Reading Guide

A critique is a piece of writing that analyzes and evaluates the good points and bad points of something. Read the passage to see why the critic chose the object of criticism and the reason and grounds for criticizing that object. (☞『이화 한국어 4』, p.66)

Answers

(1) ② This is a critical piece of writing discussing the problems of entertainment and variety programs.

(2) ③ The answers can be found in the sentences starting with 첫째는, 둘째는, and 마지막으로 in the second through fourth paragraphs.

(3) ① 네 ② 네 ③ 아니요
In the last paragraph, the writer pointed out that broadcasters these days ignore the viewers' wishes and focus only on raising viewing rates.

(4) See the textbook p.202

Idiomatic Expressions

낯이 뜨겁다

낯 means a person's face, and 낯이 뜨겁다 means one's face is burning with shame over one's own or someone else's behavior. It is also often used in the form 낯 뜨겁다.

ex A: 저 애는 다른 사람 시험지를 보고 쓴 게 들통이 났는데도 아무렇지도 않나 봐.
B: 그러게. 나라면 낯이 뜨거워서 고개도 못 들고 다닐 텐데.

ex A: 요즘 '사랑할수록'이라는 드라마가 인기라면서요?
B: 네. 그런데 너무 선정적이지 않아요? 남녀 간에 낯 뜨거운 장면이 너무 많이 나와서 가족들과 같이 보기에는 좀 민망하던데요.

눈에 거슬리다

거슬리다 means that something is not readily acceptable and leaves a feeling of unpleasantness. 눈에 거슬리다 means that a situation or scene is not good to see and leaves an unpleasant feeling.

ex A: 이번에 소개 받은 남자 어땠어요?
B: 지저분하게 먹는 모습이 눈에 좀 거슬리더라고요.

ex A: 오늘 대청소를 하시나 봐요.
B: 네. 집 안이 지저분한 게 눈에 거슬려서 여기저기 정리하다 보니까 일이 커졌어요.

눈 뜨고 볼 수 없다

This expression means that the scene before one's eyes is so horrific or embarrassing that it is hard to look at. It is often preceded by 차마, which indicates that one does not have the courage to look at something because it is so hard to bear. Sentences containing this expression are generally negative, ending in 못하다 or –(으)ㄹ 수 없다.

ex A: 정우 씨와 흐엉 씨는 잘 만나고 있어요?
B: 네. 어찌나 꼭 붙어 다니는지 눈 뜨고 볼 수 없을 정도예요.

ex A: 지진 현장에 봉사 활동을 다녀왔다면서요? 그곳은 어때요?
B: 피해 상황이 너무 참혹해서 차마 눈 뜨고 보지 못하겠더라고요.

Vocabulary Check

Part 1 준비합시다 01

- 능숙하다 — to be skilled (at)
- 차근차근 — carefully, methodically
- 따지다 — to check, to reckon

Part 1 준비합시다 02

- 업무 — work, task
- 세금 — taxes
- 액수 — amount
- 동기 — colleague (who started work the same year)
- 직위 — position (at work)
- 소득 수준 — income level

Part 1 준비합시다 03

- 교통 법규 — traffic rules

Part 1 말해 봅시다

- 예능 — entertainment
- 교양 — culture, refinement
- 유익하다 — to be useful
- 비현실적 — unrealistic
- 중독성 — addiction
- 딱딱하다 — to be hard
- 테마 — theme

Part 2 토의해 봅시다

- 역기능 — dysfunction
- 최소화하다 — to minimize
- 수재민 — flood victim
- 손길 — helping hand
- 폭우 — downpour
- 수해 — flood damage
- 성금 — donations
- 모방 범죄 — copycat crime
- 폭력적 — violent
- 선정적 — provocative
- 순기능 — positive function
- 폭 — width, range
- 활력소 — source of energy
- 인종 — race
- 고정 관념 — stereotype
- 대응하다 — to deal with, to cope with, to answer to
- 유해하다 — to be harmful
- 심의 — review, consideration
- 강화하다 — to reinforce, to strengthen
- 일으키다 — to create, to start (something)

Part 2 들어 봅시다

- 제한하다 — to limit, to restrict
- 공감대 — consensus, agreement

Part 3 읽어 봅시다

- 홍보 — promotion, publicity
- 출연진 — cast
- 자막 — subtitle
- 눈에 거슬리다 — to be unpleasant to see
- 식상하다 — to be hackneyed, to be trite
- 낯이 뜨겁다 — to be indecent
- 과장되다 — to be exaggerated
- 지적하다 — to point out
- 유사하다 — to be similar
- 경쟁적 — competitive

- 제작하다　to produce, to make
- 차별성　distinctiveness
- 외면하다　to ignore
- 시청률　viewer ratings
- 참신하다　to be fresh, to be innovative
- 차별화　distinction, differentiation
- 중립적　neutral
- 방어적　defensive
- 욕구　desire, urge
- 충족시키다　to satisfy

Part 3 관용 표현

- 껴안다　to hug, to embrace
- 끔찍하다　to be terrible, to be awful
- 민망하다　to be ashamed, to be embarrassed
- 비뚤어지다　to be crooked, to be warped
- 언짢다　to be upset
- 얼굴이 창백하다　one's face is pale
- 얼굴이 화끈거리다　one's face is red with shame/embarrassment
- 참혹하다　to be horrible, to be gruesome

Topic Vocabulary

Broadcasting

- 공개 방송을 하다　to broadcast publicly
- 녹화 방송을 하다　to record a broadcast
- 다시보기를 보다　to watch a repeat (of a show)
- 드라마를 찍다　to shoot a TV drama
- 미리보기를 보다　to watch a preview
- 방송 사고가 나다　to make a broadcast mistake
- 방송에 나가다　to be broadcast
- 방청객을 모집하다　to recruit a studio audience
- 방청권을 추첨하다　to draw lots for spectators' tickets
- 생방송을 하다　to broadcast live
- 스포츠 중계　sports relay
- 시청률이 높다　to have high viewer ratings
- 예고편이 공개되다　to release a trailer
- 재방송을 하다　to broadcast again
- 중계하다　to relay broadcast
- 편집되다　to be edited
- 화면에 찍히다　to be caught on camera, to come out on TV

 p.74

Grammar Focus

–아/어 봤자 indicates that no matter how hard one tries, nothing can be changed and all effort is in vain. It is generally attached to a verb.

Basic form	–아/어 봤자	Basic form	–아/어 봤자
가다	가 봤자	듣다	들어 봤자
먹다	먹어 봤자	살다	살아 봤자
부르다	불러 봤자	여쭙다	여쭤 봤자

ex A: 요즘 백화점 세일을 하던데 오늘 저랑 쇼핑하러 갈래요?
B: 글쎄요. 오늘이 백화점 세일 마지막 날이라서 가 봤자 괜찮은 물건들은 다 팔렸을 거예요.

ex A: 이번 일은 정우가 양보해야 할 것 같은데 내가 정우를 설득해 볼까?
B: 아니야. 정우가 고집이 세서 얘기해 봤자 소용없을 거야.

ex A: 이번 일은 네 잘못이 아닌데 왜 사실대로 말하지 않았어?
B: 내가 사실대로 말해 봤자 아무도 내 말을 믿지 않을 것 같아서.

ex A: 기차 시간이 다 되어 가는데 유키 씨는 왜 아직 안 와요? 전화라도 해 볼까요?
B: 지금 전화해 봤자 소용없을 거예요. 이제 곧 기차가 출발하니까 그냥 우리부터 가요.

ex A: 잃어버린 열쇠는 찾았어? 혹시 교실에 있는 거 아니야? 내가 교실에 가서 찾아볼까?
B: 아니야. 교실에 가 봤자야. 거기는 이미 찾아봤거든.

ex A: 수진 씨가 면접에서 떨어졌대요. 그 일 때문에 오늘 하루 종일 울고 있어요.
B: 울어 봤자 무슨 소용이 있다고 울기만 해요. 이번에는 어차피 떨어졌으니까 다음에 언제 면접이 있을지부터 알아봐야지요.

ex A: 비싼 보약을 먹었는데도 몸이 좋아지지 않네요.
B: 운동도 하지 않고 식사도 제때 하지 않는데 비싼 약을 먹어 봤자 무슨 소용이에요? 건강해지고 싶으면 식사도 제때 하고 운동도 하세요.

ex A: 한국어를 공부할 때 신문을 읽으면 도움이 많이 된대요.
B: 지금 제 실력으로는 신문을 읽어 봤자 이해도 못 하는데 무슨 도움이 되겠어요.

ex A: 히로 씨, 이번에 연말 보너스 많이 받았어요? 올해 저희 부서 실적이 좋지 않은지 작년보다 적게 받았어요.
B: 저는 작년보다 좀 많이 나온 편이에요. 그런데 많이 받아 봤자 연말에 여기저기 나갈 돈이 많아서 남는 돈이 없네요.

ex A: 언니, 아버지한테 이번 발표회 때 오실 수 있는지 여쭤 볼까?
B: 글쎄. 요즘 아버지께서 무척 바쁘셔서 여쭤 봤자 못 오신다고 하실 거야.

Focus Plus

- –아/어 봤자 is also used to indicate that a certain situation or action in the preceding clause does not really matter. In this case, it is attached to an adjective or a verb in the preceding clause, and used as part of a rhetorical question in the following clause.

  ex A: 히로 씨는 아르바이트를 하니까 등록금은 걱정 없겠어요.
  B: 말도 마세요. 대학생이 아르바이트를 해 봤자 얼마나 벌겠어요? 생활비로 쓰고 나면 남는 게 없어요.

  ex A: 동생이 학교에서 돌아올 시간이 지났는데 아직도 집에 안 왔어요. 도대체 이 시간에 어디에 갔을까요?
  B: 초등학생이 가 봤자 어디에 갔겠어요? 친구 집에서 놀고 있을 테니 연락해 보세요.

  ex A: 학교 앞 옷 가게에서 마음에 드는 옷을 봤는데 너무 비쌀까 봐 못 사겠어요.
  B: 백화점 옷도 아닌데 옷이 비싸 봤자 얼마나 비싸겠어요? 오늘 같이 가서 봐요.

- –아/어 봤자 and –아/어도 (See 『이화 한국어 3-1』 Chapter 4, p.84) are interchangeable since the meaning is quite similar. –아/어도 indicates that the following situation takes place regardless of the previous action or state, and either a positive or negative results can follow, but –아/어 봤자 is only followed by the negative content.

  ex A: 에어컨이 또 고장 났어요? 수리를 맡겨야겠네요.
  B: 에어컨을 산 지 오래돼서 수리해 봤자 금방 또 고장 날 거예요.
  (= 수리해도)

  ex 마틴 씨는 뭘 먹어도 맛있게 먹는 것 같아요. (○)
  마틴 씨는 뭘 먹어 봤자 맛있게 먹는 것 같아요. (×)

Answers

① A: 취업을 위해 전공을 바꾸려고 해요.
B: 전공을 바꿔 봤자 구직자가 많아서 취업하기 어렵기는 마찬가지일 거예요.

② A: 업무량이 많아서 다른 부서로 옮기려고 해요.
B: 다른 부서로 옮겨 봤자 회사 전체가 바빠서 일이 줄지 않을 거예요.

③ A: 취업에 도움이 되도록 자격증을 많이 따려고 해요.
B: 자격증을 많이 따 봤자 지원 분야와 관계가 없으면 소용이 없을 거예요.

④ A: 지금 다니는 회사의 대우가 좋지 않아서 이직하려고 해요.
B: 이직해 봤자 불경기라서 지금보다 더 좋은 대우를 받기 어려울 거예요.

Grammar Focus

–아/어 두다 indicates that a certain state or result remains intact for a long time, in which case the action constitutes the advance preparation for some other purpose. It is only attached to a verb.

Basic form	–아/어 두다	Basic form	–아/어 두다
하다	해 두다	만들다	만들어 두다
찾다	찾아 두다	고르다	골라 두다

ex A: 방학 때 여행을 간다면서요? 여행 계획은 다 짰어요?
B: 네. 시간이 날 때마다 틈틈이 짜 두었어요. 학기가 끝나는 대로 떠날 거예요.

ex A: 깨우 씨, 사진관에는 왜 가요?
B: 대학 입학 서류 제출할 때 낼 사진을 미리 찍어 두려고요.

ex A: 밥을 먹다가 김칫국물이 옷에 묻었는데 어떻게 지우면 되는지 아세요?
B: 네. 세탁 전에 세제를 넣은 물에 좀 담가 두세요.

Focus Plus

- –아/어 두다 and –아/어 놓다 (See 『이화 한국어 3–2』 Chapter 11, p.79) are interchangeable in many situations since the meaning is quite similar. However, –아/어 두다 is used when the completed action is maintained for a longer time than indicated by –아/어 놓다 and has a stronger sense of 'storage' or 'preservation.' On the other hand, –아/어 놓다 is used to emphasize the completed state rather than storage.

ex A: 오늘 볼 영화가 요즘 제일 인기가 많은 영화래요. 표가 없을지도 모르니까 좀 일찍 만날까요?
B: 영화표를 미리 예매해 두었으니까 걱정하지 마세요. (= 예매해 놓았으니까)

ex A: 수진아, 오늘 부모님이 여행가셨다면서? 저녁은 우리집에 와서 먹을래?
B: 괜찮아. 엄마가 여행가기 전에 만들어 두신 음식을 먹으면 돼. (= 만들어 놓으신 음식)

ex A: 내일 해외여행을 간다면서요? 여권은 잘 챙겼어요?
B: 네. 가방 안에 잘 넣어 두었어요.
(It emphasizes that the passport has been well kept in a suitcase for a while.)
네. 가방 안에 잘 넣어 놓았어요.
(It emphasizes the state of the passport being in a suitcase.)

Answers

① A: 수진 씨는 유학을 가고 싶다고 했지요?
B: 네. 그래서 지금부터 유학 자금을 마련해 두려고요.

② A: 유키 씨는 개인 사업을 하고 싶다고 했지요?
B: 네. 그래서 직장에 다니면서 인맥을 쌓아 두려고요.

③ A: 왕단 씨는 대학원에 진학하고 싶다고 했지요?
B: 네. 그래서 학교에 다니는 동안 학점 관리를 해 두려고요.

④ A: 올가 씨는 호텔 요리사가 되고 싶다고 했지요?
B: 네. 그래서 시간이 있을 때 한식과 양식 조리사 자격증을 따 두려고요.

Grammar Focus

-(으)ㄴ 끝에 means that the result in the following clause comes after the difficult process of a certain action or matter in the preceding clause. Therefore, the result is generally positive. It is generally attached to a verb, but in the case of a noun it is used in the form of N 끝에.

Basic form	-(으)ㄴ 끝에	Noun	-(으)ㄴ 끝에
준비하다	준비한 끝에	연구	연구 끝에
읽다	읽은 끝에	고민	고민 끝에
듣다	들은 끝에	장마	장마 끝에

ex A: 김 교수님, 프로젝트를 성공적으로 마치셨다고 들었습니다. 정말 축하드립니다.
B: 감사합니다. 1년 동안 포기하지 않고 꾸준히 연구한 끝에 이번 프로젝트를 성공시킬 수 있었습니다.

ex A: 그 사건의 범인이 잡혔대요?
B: 네. 경찰이 6개월의 긴 시간에 걸쳐 조사한 끝에 결국 범인을 잡았대요.

ex A: 어제 유키 씨 집을 잘 찾아갔어요?
B: 주소가 정확하지 않아서 동네 사람들에게 여러 번 물어본 끝에 찾았어요.

ex A: 이번 해외 출장은 누가 가게 되었습니까?
B: 팀원들과 여러 차례 상의한 끝에 결국 김정우 씨를 보내기로 했습니다.

ex A:마틴 씨가 그렇게 성공할 줄은 꿈에도 몰랐어요.
B: 그러게 말이에요. 고생 끝에 낙이 온다더니 누구보다 열심히 일한 마틴 씨가 결국 해냈군요.

ex A: 사라 씨와 마이클 씨가 드디어 결혼을 한다면서요?
B: 네. 7년이라는 긴 연애 끝에 결혼을 하기로 했대요.

ex A: 드디어 그동안 써오던 소설책을 출판한다면서요?
B: 네. 3년간의 작업 끝에 작품을 완성하여 출판을 하게 되었습니다.

Focus Plus

- -(으)ㄴ 끝에 is also used in the form of -(으)ㄴ 끝에야 to emphasize the meaning.

ex A: 저는 한국어 듣기가 정말 어려워요. 특히 뉴스를 들을 때 뉴스 내용을 하나도 모르겠어요. 어떻게 공부해야 돼요?
B: 저도 처음에는 뉴스를 여러 번 돌려 들은 끝에야 이해할 수 있었어요. 그런데 그렇게 꾸준히 연습을 하다 보니까 좋아지더라고요.

- The negative form of a verb cannot be use in front of –(으)ㄴ 끝에.

  ex A: 민수야, 갑자기 왜 부산에 간다는 거야?
  B: 부산에 꼭 만나고 싶은 친구가 살거든. 그동안 정말 보고 싶었는데 동창회에 갔다가 그 친구가 사는 곳을 여기저기 물어본 끝에 부산에 살고 있다는 것을 알게 됐어. (○)
  그동안 정말 보고 싶었는데 그 친구가 사는 곳을 여기저기 물어보지 않은 끝에 부산에서 살고 있다는 것을 알게 되었다. (×)

- When used with –던, which indicates recollection or repetition, it is also used in the form of –던 끝에.

  ex A: 마틴 씨는 한국에 오자마자 숙소를 구했나요?
  B: 아니요. 숙소를 찾기 정말 힘들었어요. 한국에 온 후 한 달이나 하숙집을 찾던 끝에 방을 구했다.

  ex A: 수진 씨, 왜 갑자기 대학원에 가겠다고 결정했어요?
  B: 갑자기 결정한 게 아니에요. 대학을 졸업하고 진로에 대해 고민하던 끝에 대학원 진학을 결심하게 된 거예요.

- As an expression that emphasizes the length and repetition of the previous action, the same verb is repeated and used in the form of –고 –(으)ㄴ 끝에.

  ex 생각하고 생각한 끝에 유학을 결심했다.

  ex 부모님을 오랫동안 설득하고 설득한 끝에 유학을 가게 됐다.

Answers

① A: 수영 대회에서 1등 하기가 어렵다던데 어떻게 1등을 했어요?
B: 매일 피나는 훈련을 한 끝에 1등을 할 수 있었어요.

② A: 신약 개발하는 것이 정말 힘들다던데 어떻게 신약 개발에 성공했어요?
B: 수많은 시행착오를 거친 끝에 신약 개발에 성공할 수 있었어요.

③ A: 내 집 마련하기가 하늘에 별 따기라던데 어떻게 내 집 마련의 꿈을 이루었어요?
B: 10년 동안 꼬박꼬박 적금을 부은 끝에 내 집 마련의 꿈을 이룰 수 있었어요.

④ A: 콘서트에서 좋은 자리에 앉는 게 쉽지 않다던데 어떻게 제일 좋은 자리에 앉았어요?
B: 공연장 앞에서 새벽부터 줄을 서서 기다린 끝에 제일 좋은 자리에 앉을 수 있었어요.

Vocabulary & Expression

유키 씨답지 않게 왜 그래요

유키 씨답지 않게 왜 그래요 means ***What's the matter, Yuki? It's so unlike you.*** N답지 않게 왜 그래요 is used to express one's surprise when a person behaves in a way that is unusual considering his/her usual characteristics or nature.

ex A: 지영 씨, 평소에 실수도 잘 하지 않고 꼼꼼히 일을 잘 처리하더니 요즘 지영 씨답지 않게 왜 그래요.
B: 죄송합니다. 앞으로 이런 실수 없도록 하겠습니다.

외국어를 잘하면 항공사에 취직하는 데 유리하대요

외국어를 잘하면 항공사에 취직하는 데 유리하대요 means ***Excellent command of a foreign language will work to one's advantage when getting a job at an airline.*** 유리하다 means that something is beneficial. Expressions such as -는 데(에) 유리하다, -에 유리하다 are used to say that a certain event or situation will be helpful or advantageous. In contrast, expressions such as -는 데(에) 불리하다 or -에 불리하다 are used when something is not beneficial.

ex 키가 크면 키가 작은 사람보다 농구하는 데에 유리하다.

ex 일하는 여성들은 출산과 육아 기간이 남자들과 비교해서 일하는 데 불리하게 작용하기 때문에 출산을 꺼리는 경향이 있다.

Functional Expression

- **Advising someone to prepare for a certain situation ahead of time**

When advising someone on what to prepare, based on information from other people, expressions such as -ㄴ/는다고 하니까 -(으)세요 or -(으)ㄴ/는다던데 -아/어 보세요 can be used.

ex A: 한국어 선생님이 되려면 뭘 준비해야 하나요?
B: 한국어 선생님이 되려면 한국 문화에 대해서 잘 알아야 한다고 하니까 한국 문화에 대해서 많이 공부해 두세요. /
한국어 선생님이 되려면 한국 문화에 대해서 잘 알아야 한다던데 한국 문화에 대해서 좀 더 공부해 보세요.

- **Telling somebody that whatever he/she does is useless**

When telling a person who is worried about something that worrying is pointless, expressions such as -해서 무슨 소용이 있어요?, -아/어도 달라지는 건 없어요, or -(으)나 마나예요 can be used.

ex A: 1년 후면 졸업인데 뭘 해야 할지 아직 모르겠어요.
B: 1년 뒤에 일어날 일을 지금 걱정해서 무슨 소용이 있어요? /
1년 뒤에 일어날 일을 지금 걱정해도 달라지는 건 없어요. /
1년 뒤에 일어날 일인데 지금 걱정하나 마나예요.

Vocabulary & Expression

새 바람을 몰고 오다

새 바람을 몰고 오다 means ***to give rise to a new wind.*** 바람 indicates a temporary fad or trend and the expression 새 바람을 몰고 오다 means to give rise to a new fad or trend that is unprecedented. A similar expression is 새 바람을 일으키다.

ex 스마트폰은 휴대 전화 산업에 새 바람을 몰고 왔다는 평가를 받고 있다.

ex 사라 씨의 개성 있는 목소리는 앞으로 한국 가요계에 새 바람을 일으킬 것으로 보인다.

ex 영화 〈아바타〉는 혁신적인 3D컴퓨터 그래픽으로 영화계에 새 바람을 몰고 왔다.

적성을 살리다

적성을 살리다 means ***to make the best use of one's aptitude.*** N을/를 살리다 indicates making the best use of your talent or experience that is fit for a certain job rather than wasting it away, as in 취미를 살리다, 전공을 살리다, or 경험을 살리다.

ex 대학 졸업 후 자신의 적성을 살려 취업에 성공하기는 힘들다.

ex 깨우 씨는 액세서리를 만드는 취미를 살려 창업을 해 성공했다.

ex 서울시는 지역 주민들이 가지고 있는 소질과 적성을 살려 도움이 필요한 곳에 봉사 활동을 할 수 있도록 지원하고 있다.

Functional Expression

- **Saying that one never imagined a certain fact to be true**

  To say that one never even imagined a certain fact to be true, expressions such as 꿈에도 몰랐다, 상상조차 못 했다, or 생각하지도 못했다 can be used.

  ex 그 남자가 나를 좋아할지는 꿈에도 몰랐다. /
  그 남자가 나를 좋아할지는 상상조차 못 했다. /
  그 남자가 나를 좋아할지는 생각하지도 못했다.

- **Emphasizing the message one wants to convey**

  At the end of an interview, when emphasizing the final message the speaker wants to deliver, expressions such as –(으)ㄴ/는 것을 잊지 마십시오, or –(으)ㄴ/는 것을 명심하시기 바랍니다 can be used.

  ex 지금 상황이 힘들더라도 끝까지 포기하지 않는 한 언젠가는 자신이 하고 싶은 일을 꼭 해낼 수 있다는 것을 잊지 마십시오. /
  지금 상황이 힘들더라도 끝까지 포기하지 않는 한 언젠가는 자신이 하고 싶은 일을 꼭 해낼 수 있다는 것을 명심하시기 바랍니다.

Script

Host	Hello, everyone? I'm Kim Jiyeon, host of "Morning Meeting." Today's guest is a man who left his job at a big company, where he had worked for 20 years, and began a new career as a singer. He is now a rising star in Korea's pop music scene. Let's welcome singer Park Eunu. Nice to meet you Mr. Park.
Park Eunu	How are you? Nice to meet you, too.
Host	Your song is very popular among office workers. Did you expect the song you composed to be such a big hit?
Park Eunu	No, I never imagined my song would be loved by so many people. While I was working on the album, I only thought about making my long-held dream of being a singer come true.
Host	With the popularity you're seeing these days, don't you regret that you didn't debut earlier?
Park Eunu	Well··· Certainly, if I had debuted earlier, I would have known earlier the pleasure of doing a job that's right for me. However, I don't have any regrets. Those years working for the company were a valuable time for me, because the experience that I gained has been the foundation of my music career.
Host	Oh, I see. As people have watched your dream come true, a lot of salaried workers have also started to hope and dream again. Could you give them some advice?
Park Eunu	I want to tell people who are hesitating because they're afraid of trying something new that it's not too late. If you've kept what you really want to do to yourself out of a sense of obligation and responsibility, put your dreams into action right now.
Host	Thank you for your valuable advice. Your words will surely encourage many people. Thank you for taking time to speak with us today. We look forward to hearing more of your songs. For now, let's listen to Park's best loved song titled "On the Way to Work."

Answers

(1) ② **Park Eunu said that he released an album out of the wish to fulfill his long-held dream of becoming a singer.**

(2) ① 네 ② 아니요 ③ 아니요
Park Eunu said he never even imagined that his music would be loved by so many people. If he had started earlier he would have known the joy of making the best of his talent earlier but he said he had no regrets.

(3) **See the textbook p.202**

PART3 읽어 봅시다 직업 유형에 대한 분류의 글 읽기

Vocabulary & Expression

다양한 직업이 존재한다는 것은 직업 선택의 폭이 넓다는 것을 보여 준다

다양한 직업이 존재한다는 것은 직업 선택의 폭이 넓다는 것을 보여 준다 means that ***The fact that there are various kinds of jobs indicates that there is a wide range of jobs to choose from.*** -(ㄴ/는)다는 것은 -(ㄴ/는)다는 것을 보여 준다 indicates that from a certain situation or fact, the following situation or fact can be deduced.

ex 1인용 제품의 판매량이 늘고 있다는 것은 그만큼 1인 1가구가 늘고 있다는 것을 보여 주는 것이다.

ex 한국어를 공부하는 외국인들이 점점 늘어난다는 것은 한국에 대한 외국인들의 관심이 커졌다는 것을 보여 준다.

이러한 유형에 속하는 직업으로는

이러한 유형에 속하는 직업으로는 means ***for a job belonging to this category.*** N에 속하는 N(으)로는 is used to give examples of things in a smaller category that belong in the previously mentioned group or category.

ex 예부터 그 가치를 인정받은 한국 전통 예술에 속하는 판소리 작품으로는 〈심청가〉, 〈흥부가〉, 〈수궁가〉 등이 있다.

ex 여름철에 가장 기온이 높은 지역에 속하는 도시로는 대구를 꼽는데, 대구는 여름철 고온 현상이 지속되기 때문에 그 지역의 사람들은 다른 지역의 사람들에 비해서 더위에 강한 경향을 보인다.

Reading Guide

"Categorized writing" is a piece of writing in which a subject is categorized into different types according to set criteria. Read the passage, focusing on the writer's criteria for categorization and whether the paragraphs are well organized according to the criteria.
(☞『이화 한국어 4』, p.84)

Answers

(1) See the textbook p.202

(2) See the textbook p.202~203
It is described in the third and the fifth paragraph.

(3) ① The passage says that since sociable people feel less stressed by interpersonal relationships, they mingle very well with others.

(4) ① 아니요 ② 아니요 ③ 네
It is not easy to pick one career that fits you perfectly, even if there is a wide range of career options. Artistic types pursue change in life, whereas clerical types pursue stability over change.

Idiomatic Expressions

속이 타다

This expression means one is so worried about something that it feels like he/she is burning inside. The causative form is 속을 태우다.

ex A: 휴대 전화가 고장이 났다면서요? 고쳤어요?
B: 네. 친구들 전화번호랑 중요한 사진들이 다 들어 있는데 못 고칠까 봐 얼마나 속이 탔는지 몰라요.

ex A: 이번에 첫째 아들이 대학교에 들어갔지요? 이제 걱정 없겠어요.
B: 네. 어릴 때는 부모 말을 안 들어서 속을 썩이더니 대학교 갈 때가 되니까 철이 들었는지 스스로 등록금을 마련하겠대요.

ex A: 수진 씨, 큰오빠가 있다고 했지요? 오빠가 있어서 든든하겠어요.
B: 든든하기는요. 우리 큰오빠는 올해로 마흔이 되었는데도 아직 결혼할 생각을 하지 않아서 부모님 속을 태우고 있어요.

물 건너가다

This expression emphasizes that a certain situation has already ended and therefore nothing can be done about it.

ex A: 지난번에 소개해 준다고 한 사람 있었지? 이번 주말에 시간이 있는데 만나 볼 수 있을까?
B: 그 사람은 이미 물 건너갔어. 지난번에 네가 바쁘다고 해서 다른 사람을 소개해 줬는데 둘이 사귀기로 했대.

ex A: 이번 학기에는 장학금을 받을 수 있을 것 같아요?
B: 아니요. 시험도 못 봤고 저보다 공부 잘하는 친구들이 많아서 장학금은 물 건너간 것 같아요.

발 뻗고 자다

This expression is used to express a very relaxed and relieved mind, free from worry since the thing that was bothering one has been resolved.

ex A: 한국어능력시험 결과는 나왔어?
B: 응. 드디어 4급에 합격했어. 떨어졌을까 봐 걱정했는데 이제 발 뻗고 잘 수 있겠어.

ex A: 수업 시간에 발표는 잘했어? 준비하느라고 힘들었잖아.
B: 응. 2주 동안 발표 준비 때문에 힘들었는데 발표가 끝났으니까 이제 두 발 뻗고 잘 수 있겠어.

Vocabulary Check

Part 1 준비합시다 01

- 구직자 — job seeker, job hunter
- 업무량 — workload, amount of labor
- 대우 — working conditions
- 이직하다 — to change jobs, to leave one's job
- 체력 — physical strength, stamina
- 기르다 — to build up, to grow
- 유리하다 — to be advantageous, to be favorable
- 정교사 — regular teacher
- 원서 — application
- 채용하다 — to hire, to recruit

Part 1 준비합시다 02

- 목록 — list
- 이삿짐 — stuff to be moved
- 자금 — funds, money
- 인맥을 쌓다 — to build personal connections
- 학점 — grade, credit
- 자격증 — certification, license

Part 1 준비합시다 03

- 과정 — course, procedure
- 겪다 — to go through, to experience
- 게으름을 피우다 — to be lazy, to idle away
- 피나는 훈련 — tough/strenuous training
- 시행착오 — trial and error
- 거치다 — to pass through, to experience
- 신약 — new medicine
- 꼬박꼬박 — on a regular basis
- 붓다 — to pour, to deposit
- 콘서트 — concert

Part 1 말해 봅시다

- 만만하다 — to be easy to deal with, to be easily manageable

Part 2 토의해 봅시다

- 장래성 — potential, prospects
- 명성 — reputation, fame
- 여건 — given conditions, circumstances
- 사례 — example
- 연봉 — annual income, annual salary
- 뜻을 굽히다 — to withdraw one's intention, to bend one's will
- 고정적이다 — to be steady, to be regular
- 수입 — income, earnings
- 가장 — the most

Part 2 들어 봅시다

- 활약하다 — to show outstanding performance
- 성취감 — sense of achievement
- 실현하다 — to realize
- 데뷔 — debut

Part 3 읽어 봅시다

- 창의적 — creative, original
- 추구하다 — to pursue, to seek after

- 미적 aesthetic
- 기록하다 to record, to write down
- 주도하다 to take the lead
- 대하다 to treat
- 파악하다 to grasp, to understand
- 비교적 relatively, in comparison
- 사기 morale
- 상실하다 to lose
- 틀에 박히다 to be stereotyped
- 조직 group, organization
- 혼란 chaos, confusion
- 탐색하다 to explore
- 되짚다 to retrace one's step

Part 3 관용 표현

- 마음을 편히 가지다 to feel at ease, to feel at home
- 불이 붙다 to catch fire, to burn
- 짝을 찾다 to search for a partner

Topic Vocabulary

Getting a Job

- 경력 증명서 career certificate
- 경력을 쌓다 to build a career
- 경력 직원 experienced employee
- 경쟁률이 높다 to have a high competition rate
- 경쟁이 치열하다 to be highly competitive
- 계약 직원 contract employee
- 면접을 통과하다 to pass the interview
- 서류를 작성하다 to complete a document, to fill out a form
- 서류를 제출하다 to submit one's documents/papers
- 원서를 접수하다 to file/submit an application
- 이력서를 쓰다 to write a resume
- 자격증을 따다 to get a certificate
- 자기소개서를 쓰다 to write a letter of self-introduction
- 지원하다 to apply
- 재직 증명서 proof of employment
- 재학 증명서 proof of enrollment, certificate of student registration
- 정직원 full-time employee
- 증명서를 떼다 to issue a certificate
- 증빙 서류 documentary evidence, evidential document
- 최종 합격하다 to be accepted (by a company, school etc.)
- 합격 통지서를 받다 to receive a letter of acceptance

 p.92

Grammar Focus

-거든 is used when fulfillment of the action or state in the preceding clause leads to the action in the following clause. It is attached to an adjective or verb. When used with a noun, the form becomes N(이)거든. The following clause is usually in the imperative or propositive mood.

Basic form	-거든	-았/었거든	-(으)ㄹ 거거든
비싸다	비싸거든	비쌌거든	-
뜨겁다	뜨겁거든	뜨거웠거든	-
출발하다	출발하거든	출발했거든	출발할 거거든
묻다	묻거든	물었거든	물을 거거든
살다	살거든	살았거든	살 거거든

ex A: 이 옷이 맘에 드는데 그냥 살까?
B: 다른 곳도 좀 둘러보고 여기 옷이 제일 싸거든 다시 와서 사자.

ex A: 주말에 뭘 할까요?
B: 주말에 날씨가 좋거든 등산을 가는 게 어때요? 날씨 좋은 날 등산을 하면 기분 전환이 될 거예요.

ex A: 삼계탕이 좀 싱겁지 않나요?
B: 그래요? 혹시 싱겁거든 여기 소금이 있으니까 좀 넣어서 드세요.

ex A: 3시간 정도 외근할 예정이에요. 저를 찾는 전화가 오거든 좀 받아 주시겠어요?
B: 네, 알겠습니다.

ex A: 한국의 전통 문화를 직접 체험할 수 있는 곳이 없을까요?
B: 한국의 전통 문화를 체험하고 싶거든 전통 문화가 살아 있는 안동 하회마을에 가 보세요.

ex A: 선생님, 내일 시험에 대해서 질문이 있는데요.
B: 그래요? 시험에 대해 질문이 있거든 이따가 수업이 끝난 후에 해 주세요.

ex A: 여보, 이 옷 정말 예쁘지 않아요?
B: 예쁘네요. 당신에게 잘 어울릴 것 같아요. 마음에 들거든 한번 입어 보세요.

ex A: 회의가 아직 시작되지 않았거든 이걸 얀 씨에게 전해 주십시오.
B: 네, 그렇게 하겠습니다.

ex A: 엄마, 제 휴대 전화를 새 걸로 바꾸고 싶어요.
B: 바꾼 지 얼마나 됐다고 그러니? 정 살 거거든 네 돈으로 사라.

ex A: 실례합니다. 혹시 여기 김 선생님 계신가요?
B: 김 선생님께서는 잠깐 외출하셨어요. 급한 일이시거든 전화를 해 보세요.

Focus Plus

- The subject of the preceding clause is usually the second or third person and in some cases the subject of the whole sentence is omitted. The following clause generally contains –(으)세요, –는 게 어때요?, or –(으)ㅂ시다, which indicates a command, suggestion, request, or promise.

  ex 그 친구를 만나거든 안부를 전해 주세요.

  ex 지금 바쁘거든 다음에 이야기하는 게 어때요?

- When a goal or intention that one has not yet put into action serves as the condition for the following clause, the form –(으)려거든 is used, and when indicating one's own volition –겠거든 is used.

  ex A: 여행갈 곳이 더운 섬나라니까 반팔 옷만 준비하면 되겠지요?
  B: 긴 팔도 필요할 거예요. 진짜 여행을 가려거든 더 알아보고 준비하세요.

  ex A: 민수 씨에게 그 사실을 꼭 알려야 하겠거든 직접 말하세요.
  B: 네. 그건 제가 민수 씨에게 직접 이야기할게요.

- –거든 and –(으)면 (See 『이화 한국어 1–2』 Chapter 12, p.85) are almost the same in meaning and can be used alternately in many situations. –(으)면 is used in conditional situations with few limitations. Even though –거든 is also used in conditional situations, the following clause contains –(으)세요, –는 게 어때요?, or –(으)ㅂ시다, which indicates a command, suggestion, request, or promise, or –겠– or –(으)ㄹ 거예요, which indicates a volition or supposition, and never contains a declarative sentence.

  ex 혹시 저 없을 때 택배가 도착하거든 좀 받아 주세요. (○)
  혹시 저 없을 때 택배가 도착하면 좀 받아 주세요. (○)

  ex 이번 시험을 잘 보면 좋은 대학교에 입학할 수 있어요. (○)
  이번 시험을 잘 보거든 좋은 대학교에 입학할 수 있어요. (×)

  ex 날씨가 추우면 옷을 따뜻하게 입어야 해요. (○)
  날씨가 춥거든 옷을 따뜻하게 입어야 해요. (×)

Answers

① A: 혼자 여행을 갈지 친구들과 여행을 갈지 아직 못 정하고 있어요.
B: 조용히 쉬고 싶거든 혼자 가고, 여러 사람들과 즐겁게 놀고 싶거든 친구들과 가는 게 좋아요.

② A: 호텔에서 묵을지 펜션에서 묵을지 아직 못 정하고 있어요.
B: 서비스를 잘 받고 싶거든 호텔에서 묵고, 편안함을 느끼고 싶거든 펜션에서 묵는 게 좋아요.

③ A: 자가용으로 갈지 기차로 갈지 아직 결정을 못 하고 있어요.
B: 시간에 구애 받지 않고 싶거든 자가용으로 가고, 편하게 경치를 즐기고 싶거든 기차로 가는 게 좋아요.

④ A: 산으로 갈지 바다로 갈지 아직 결정을 못 하고 있어요.
B: 등산을 좋아하거든 산으로 가고, 수영을 하고 싶거든 바다로 가는 게 좋아요.

p.93

Grammar Focus

−(으)ㄹ 겸 is used when two actions or movements are carried out at the same time. It is attached to a verb and often used in the forms −(으)ㄹ 겸해서 and N도 −(으)ㄹ 겸 N도 −(으)ㄹ 겸.

Basic form	−(으)ㄹ 겸	Basic form	−(으)ㄹ 겸
가다	갈 겸	묻다	물을 겸
먹다	먹을 겸	만들다	만들 겸

ex A: 백화점에는 어쩐 일이에요?
B: 구경도 할 겸 수선할 옷도 매장에 맡길 겸 해서 왔어요.

ex A: 깨우 씨, 학교까지 걸어 다녀요?
B: 네. 매일 걸어서 와요. 운동도 할 겸 교통비도 아낄 겸 해서요.

ex A: 사라 씨, 오늘 수진 씨랑 같이 쇼핑한다면서요?
B: 네. 스트레스도 풀고 봄옷도 살 겸 학교 근처에서 쇼핑하려고요.

ex A: 이번 대학 입학 설명회에 갈 거예요?
B: 네. 이화여대 입학에 필요한 서류도 알아보고 입학 상담도 받을 겸 해서 가 보려고요.

ex A: 다음 학기부터 미국에 영어를 배우러 간다면서요?
B: 네. 시야도 넓히고 외국어 실력도 쌓을 겸 다녀오려고요.

ex A: 공원에서 지하철역까지 가려면 저쪽으로 가는 게 더 빠른데요.
B: 근처 구경도 하고 좀 걸을 겸 이 길로 돌아가는 게 어때요?

ex A: 마틴 씨가 저한테 화가 났는지 제 말을 들으려고도 하지 않아요.
B: 그럼 오랜만에 마틴 씨 얼굴도 볼 겸 유키 씨와의 오해도 풀 겸 제가 자리를 한번 만들어 볼게요.

ex A: 왕단 씨, 정말 오랜만이에요. 학교에는 무슨 일로 왔어요?
B: 이 근처에 왔다가 선생님도 찾아뵐 겸 다른 친구들도 만날 겸 잠깐 들렀어요.

Focus Plus

- −(으)ㄹ 겸 is often used with expressions indicating a purpose or intent such as −(으)ㄹ까 하다, −(으)ㄹ 생각이다, or −(으)려고 하다.

  ex A: 미영 씨, 내일 쉬는 날인데 뭐 할 거예요?
  B: 오랜만에 책도 볼 겸 도서관에 갈까 해요.

  ex A: 밥 먹고 뭐 할 거예요?
  B: 산책도 할 겸 근처 공원에 갈 생각인데 같이 갈래요?

  ex A: 오늘 뭐 할 거예요?
  B: 날씨가 갑자기 추워져서 겨울옷도 장만할 겸 백화점에 가려고 해요.

- –(으)ㄹ 겸 is used to speak vaguely rather than specifically regarding the purpose of some action or behavior. It is used with expressions such as 쉬다, 머리를 식히다, 시간을 보내다, or 스트레스를 풀다, without revealing any specific plan or purpose.

ex A: 주말 재미있게 보냈어요?
B: 네. 머리도 식힐 겸 친구랑 스케이트장에 다녀왔어요.

ex A: 6개월 동안 긴 드라마 촬영을 끝내셨는데요. 앞으로의 활동이 궁금합니다.
B: 가족들과 오랜만에 시간도 보낼 겸 당분간은 집에서 쉬려고 해요.

ex A: 지난주에 어디에 갔었어? 전화했는데 계속 안 받길래 걱정했어.
B: 시험이 끝나서 스트레스도 풀 겸 여행 좀 다녀왔어.

- In conjunction with nouns it is often used in the form N 겸 N. In this case, it means the object in question has the functions of both nouns.

ex A: 사 온 게 뭐예요?
B: 양산 겸 우산이에요. 여러모로 잘 쓸 수 있을 것 같아서요.

ex A: 시간이 좀 늦었는데 아침은 어떻게 할까요?
B: 아침 겸 점심으로 먹는 게 어때요?

ex A: 작곡가 사라 씨가 노래도 해요?
B: 네. 사라 씨는 작곡가 겸 가수로 활동하고 있어요.

Answers

① A: 왜 부산에 가요?
B: 싱싱한 회도 먹고 바다도 구경할 겸 해서 부산에 가요.

② A: 왜 야구장에 가요?
B: 경기도 보고 응원하면서 스트레스도 풀 겸 해서 야구장에 가요.

③ A: 왜 아르바이트를 해요?
B: 돈도 벌고 경험도 쌓을 겸 해서 아르바이트를 해요.

④ A: 왜 자전거로 출퇴근을 해요?
B: 운동도 하고 기름값도 절약할 겸 해서 자전거로 출퇴근을 해요.

Grammar Focus

-(으)ㄴ/는 탓 is used when the happenings or situation in the preceding clause are the cause of the negative phenomenon in the following clause. It is generally used in the forms -(으)ㄴ/는 탓에, -(으)ㄴ/는 탓으로, or -(으)ㄴ/는 탓이다. When attached to an adjective, the form is -(으)ㄴ 탓. When attached to a verb in the form -(으)ㄴ 탓, it indicates that an already completed action or situation is the cause of a negative result. When attached to a verb in the form -는 탓, it indicates that the present action or situation is the reason for a negative result.

Basic form	-(으)ㄴ 탓	Basic form	-는 탓	-(으)ㄴ 탓
빠르다	빠른 탓	자다	자는 탓	잔 탓
춥다	추운 탓	듣다	듣는 탓	들은 탓

ex A: 요즘 취직하기가 정말 힘든 것 같아요.
B: 네, 아마 경제가 안 좋은 탓이겠죠.

ex A: 수진 씨, 어쩌다가 이렇게 심하게 체했어요?
B: 점심을 못 먹은 탓에 저녁을 너무 급하게 먹어서 그런 것 같아요.

Focus Plus

- -(으)ㄴ/는 탓에 and -기 때문에 (See 『이화 한국어 2-1』 Chapter 3, p.58) are both used to indicate a reason or cause. -기 때문에 can be used when the result in following clause is either good or bad, but -(으)ㄴ/는 탓에 can be used only when the result is bad.

  ex 친구들이 많이 도와줬기 때문에 이사가 일찍 끝났다. (○)
  친구들이 많이 도와준 탓에 이사가 일찍 끝났다. (×)

- -(으)ㄴ/는 탓에 and -는 바람에 (See 『이화 한국어 3-1』 Chapter 7, p.138) are used when explaining the reasons for the bad things that happened to the speaker. -는 바람에 is used to emphasize that the incident in the following clause arose from unintended circumstances and therefore can be used even when the result is not negative. However, -(으)ㄴ/는 탓에 can be used only when explaining the reason for a negative result.

  ex 늦잠을 잔 탓에 지각했어요.
  (This shows a negative stance regarding 늦잠, the reason for being late.)
  늦잠을 자는 바람에 지각했어요.
  (The speaker did not expect to oversleep but oversleeping caused him/her to be late.)

Answers

3월 8일 월요일. 날씨 맑음☺ 내 기분은 흐림☹

오늘은 아침에 늦게 일어났다. 늦잠을 잔 탓에 아침을 먹지 못했다. 급한 마음에 뛰어가다가 지하철 계단에서 넘어졌다. 그래서 지하철을 못 탔다. 지하철을 놓친 탓에 결국 학교에 늦었다. 지각한 탓에 수업의 앞 내용을 듣지 못했다. 공부하는 중에 계속 배에서 꼬르륵 소리가 났다. 아침을 못 먹은 탓이다. 그래서 수업이 끝나자마자 빨리 식당으로 달려갔다. 그런데 지갑이 없었다. 서두른 탓에 지갑을 집에 놓고 온 것이었다. 어쩔 수 없이 배고픔을 참고 집에 올 수밖에 없었다. 오늘은 정말 힘든 하루였다.

Vocabulary & Expression

바람을 쐬다

바람을 쐬다 means ***to go out to change one's mood***. 쐬다 means to expose one's face or body to the sun or wind, and 바람을 쐬다 literally means to expose one's face to the wind. However, it is also a figurative expression meaning to go out for a change of mood.

ex A: 엄마, 차가 계속 흔들려서 멀미가 나요.
B: 창문을 좀 열어 봐. 시원한 바람을 쐬면 괜찮아질 거야.

ex A: 미나 씨, 외출해요?
B: 네. 하루 종일 집에만 있었더니 너무 답답해서요. 잠시 바람을 좀 쐬고 와야겠어요.

해넘이

해넘이 means ***sunset***. It indicates the time that the sun goes down or the sunset itself. Similar expressions are 일몰, 해가 지다, and 해가 넘어가다. In contrast, 해돋이 means the time that the sun rises or the sunrise itself. Similar expressions are 일출, 해가 뜨다, and 해가 떠오르다.

ex A: 바다가 보고 싶은데 어디가 좋을까요?
B: 가까운 안면도로 가세요. 서울에서 가까운 데다가 서쪽이라서 해넘이도 볼 수 있어요.

ex A: 새해를 어디에서 맞이할 거예요?
B: 동해에 있는 정동진에서요. 새해 아침에 해돋이를 보면서 특별하게 맞이하고 싶어요.

Functional Expression

- **Recommending a travel destination according to circumstances**

When recommending a travel destination according to certain circumstances, expressions such as -에는 N이/가 제격이에요, -(으)려면 N이/가 딱이에요, or -고 싶다면 아무래도 N이/가 제일 낫지요 can be used.

ex 맑은 공기를 마시면서 쉬기에는 수목원이 제격이에요. /
맑은 공기를 마시면서 휴식을 취하려면 수목원이 딱이에요. /
맑은 공기를 마시면서 좀 쉬고 싶다면 아무래도 수목원이 제일 낫지요.

- **Relating the good points of the accomodations**

When relating more than one advantage of certain accommodations, expressions such as -(으)ㄴ/는 데다가 -(으)니까 좋아요, -(으)ㄹ 뿐만 아니라 -아/어서 좋아요, or N도 -고 N도 -(으)ㄹ 수 있어서 좋아요 can be used.

ex 콘도는 수영장, 사우나 등 부대시설이 다양한 데다가 요리를 직접 할 수 있으니까 좋아요. /
콘도는 수영장, 사우나 등 부대시설이 다양할 뿐만 아니라 요리를 직접 할 수 있어서 좋아요. /
콘도는 수영장, 사우나 등 부대시설도 다양하고 요리도 직접 할 수 있어서 좋아요.

Vocabulary & Expression

안동에서 펼쳐지다

안동에서 펼쳐지다 means ***to have something shown/revealed in Andong***. 펼치다 means to show or reveal something. N에(서) 펼쳐지다 indicates that some sort of attraction, something that many people can watch, listen to, or appreciate is shown in a certain place.

ex 해운대 이화아파트에 이사 오시면 매년 바닷가에서 펼쳐지는 불꽃놀이를 바로 집 앞 거실에서 즐기실 수 있습니다.

ex 힘들게 산 정산에 오르니 사진으로만 봤던 서울의 전경이 눈앞에 펼쳐졌다.

안동 하면 안동찜닭이 떠오르다

안동 하면 안동찜닭이 떠오르다 means ***to think of Andong steamed chicken at the mention of Andong***. This indicates that the mention of 안동 immediately brings 안동찜닭 to mind. 떠오르다 means to think of or to remind, so N 하면 N이/가 떠오르다 is used to talk about the thing that immediately comes to mind at the mention of something else.

ex A: 수진 씨, 지금까지 살면서 잊지 못할 여행이 있나요?
B: '잊지 못할 여행' 하면 10년 전 친구들과 같이 간 유럽 배낭여행이 떠올라요. 고생도 많이 했지만 지금까지도 잊을 수 없는 특별한 여행이었어요.

ex A: '한국의 대표 요리' 하면 떠오르는 음식이 바로 김치죠?
B: 네, 맞습니다. 김치를 빼 놓고는 한국 음식을 이야기할 수 없지요.

Functional Expression

- **Stressing a special opportunity**

At the end of an advertisement, to stress that the present moment is a special opportunity, expressions such as 마지막 기회다, 단 한 번뿐인 기회다, or N을/를 구입할 수 있는 절호의 기회가 될 거다 can be used.

ex 이번 세일은 최신 휴대 전화를 기존 가격의 반 가격으로 살 수 있는 마지막 기회입니다. /
이번 세일은 최신 휴대 전화를 50% 싼 값으로 구입할 수 있는 단 한 번뿐인 기회입니다. /
이번 휴대 전화 할인 행사는 최신 휴대 전화를 아주 저렴한 가격에 구입할 수 있는 절호의 기회가 될 겁니다.

Script

Yujin, Taeho Hello everyone. We're Yujin and Taeho, and we're here to promote the International Andong Mask-Dance Festival. We invite you to the magical event, which will be presented for ten days from September 30 to October 9 in the city of Andong.

Taeho The International Andong Mask-Dance Festival is an opportunity to watch and experience traditional Korean mask-dance. As mask-dance is not performed on stage but in a wide outdoor area, which brings the audience and the performers closer together. It's a show that can be enjoyed by everyone, male and female, young and old.

Yujin When you watch a mask-dance, take note of the appearance of the mask. The masks are all different according to character, so it's fun to look at the masks and try to figure out the character. Taeho, can you tell everyone what they can expect if they participate in the festival?

Taeho Yes. A wide variety of programs have been prepared. There is a mask exhibition as well as cultural experience activities such as *pansori* singing and *hanji* (traditional paper) making programs. At the festival you can also see folk performances and puppet plays from the participating countries. But Yujin, what's the first thing that comes to mind when you hear the name "Andong"?

Yujin Andong means "Andong steamed chicken."

Taeho That's right. But Andong has a lot of delicious food to offer besides steamed chicken. At the Andong Mask-Dance Festival you will be able to taste some of the famous regional dishes of Andong.

Yujin Wow. My mouth's already watering. But Taeho, do you know what the theme of this year's festival is?

Taeho Of course. It's "The Magic of Becoming King."

Yujin That's right. For a brief moment you can become a king by trying on the masks of kings and presidents from around the world. It's sure to be a fascinating experience.

Taeho Wow. I wonder what it feels like to be a king. You're all wondering the same thing aren't you?

Yujin If you want to try something completely new, don't miss this year's mask-dance festival.

Yujin, A magical time when you can become king-everyone, come and visit the International Andong Mask-Dance Festival.

Answers

(1) ① The announcement said that the mask-dance festival would not be held on a stage but in a wide outdoor space.

(2) ② At the festival visitors can see an exhibition of Korean masks but there is no exhibition of masks from around the world.

(3) ① 네 ② 네 ③ 아니요
During the festival, the presidents of various countries will not be visiting Andong but one of the festival programs allows visitors to Andong to try on the masks of kings and presidents from around the world.

Vocabulary & Expression

최근 들어

최근 들어 means ***more so these days***. 들어 is used after expressions such as 최근, 요즘, 올해 which indicate time to show that some phenomenon has appeared more frequently or become more obvious at the time or time period concerned.

ex 최근 들어 지구의 온난화 속도가 더 빨라지기 시작했다.

ex 올 여름 들어 아이스크림, 팥빙수 등의 판매가 증가하고 있다.

ex 몇 년 동안 지속적으로 오르던 서울 아파트 값이 올해 들어 조금씩 하락하고 있다.

한 박자 쉬다

한 박자 쉬다 means ***to take things a bit slower***. This expression means to take things at a more leisurely pace in life, like resting for one beat according to a whole rest on musical notes.

ex A: 이번 대회에서 아깝게 져서 정말 속상해요.
B: 이기는 날이 있으면 지는 날도 있는 거지요. 대회도 끝났으니까 한 박자 쉬어 간다고 생각하고 충분히 쉬고 다음 대회를 준비하세요.

ex A: 요즘 일이 너무 많아서 스트레스를 받아요.
B: 그럴 때일수록 한 박자 쉬면서 여유를 가져야 정신적으로 건강해질 수 있어요. 정신 건강을 위해서 마음의 여유를 갖도록 하세요.

Reading Guide

This is a piece of writing about a person's travels, written as a contribution to a newspaper or magazine. Read it to find out information about the travel destination—what kind of place it is, things to see and do there, and its distinct features as a tourist spot. (☞「이화 한국어 4」, p.102)

Answers

(1) See the textbook p.203
The different types of travel are defined at the beginning of each paragraph. This is followed by an introduction of things to do and places to see.

(2) ③ The third paragraph says that experiencing temple life is a way to recharge mind and body when you are worn out by the competitiveness of everyday life.

(3) ① 네 ② 아니요 ③ 아니요
The passage says that an experience of temple life is a way to experience Korean Buddhism, which has a long history, but it does not say you can learn about history.

(4) See the textbook p.204
The first paragraph in the textbook explains the difference between travel in general and theme travel.

Idiomatic Expressions

눈에 선하다

This expression means that a scene or object seen in the past is so vivid in the memory that it seems to linger before one's eyes.

ex A: 고향에 계신 어머님이 많이 보고 싶으시죠?
B: 그럼요. 공항에서 제게 손을 흔드시던 모습이 항상 눈에 선해요.

ex A: 안녕하세요? 고모, 저 민수예요.
B: 어머. 네가 정말 민수니? 내 앞에서 아장아장 걸어 다니던 게 아직도 눈에 선한데 벌써 이렇게 컸구나.

발이 묶이다

This expression describes a situation where one can neither come nor go, and is stuck in the one place.

ex A: 사장님, 김 부장이 폭설로 지하철이 갑자기 운행을 멈춰서 발이 묶였다고 합니다. 아무래도 회의 시간 안에 도착하지 못할 것 같습니다.
B: 큰일이군요. 김 부장이 와야 회의가 진행될 수 있을 텐데요.

ex A: 약속한 시간이 한 시간이나 지났는데 마이클 씨는 왜 오지 않는 거죠?
B: 운전을 하고 오는 길인데 오늘 열리는 마라톤 때문에 발이 묶여서 도로 위에서 움직이지 못하고 있대요.

바가지를 쓰다

This expression means one has been cheated, that is, one has paid more for something than it usually costs. The causative form is 바가지를 씌우다.

ex A: 이 가방 어때요? 우리 집 앞 옷가게에서 50%를 세일해서 5만 원에 샀어요.
B: 5만 원요? 바가지를 썼군요. 그런 가방은 동대문 시장에서 3만 원도 안 해요.

ex A: 시장에서 물건을 사는 건 어때요?
B: 물건도 많고 깎는 재미가 있으니까 한번 가 볼 만해요. 그런데 가끔 바가지를 씌우는 사람들도 있으니까 조심하세요.

Vocabulary Check

Part 1 준비합시다 01
- 구애(를) 받다 to be limited

Part 1 준비합시다 02
- 차리다 to open (a store)
- 응원하다 to encourage, to cheer

Part 1 준비합시다 03
- 가려 먹다 to be a fussy eater

Part 1 말해 봅시다
- 머리를 식히다 to take a rest (from hard work)
- 안면도 Anmyeondo Island
- 수목원 arboretuem
- 낭만적 romantic
- 남이섬 Namiseom Island
- 민박 lodgings in a private house
- 고급스럽다 to be of high quality
- 부대시설 amenities
- 서해 west coast
- 갯벌 mudflats, tidal flats
- 성수기 peak season
- 비수기 off season

Part 2 토의해 봅시다
- 해방감 sense of freedom
- 동원되다 to be mobilized
- 인력 manpower, labor force
- 자원 resources
- 낭비 waste

Part 2 들어 봅시다
- 객석 (audience) seat
- 인형극 puppet play
- 마술 magic
- 시식 (food) tasting

Part 3 읽어 봅시다
- 푸짐하다 to be plentiful
- 청정 clean
- 사찰 Buddhist temple
- 재충전 recharge
- 수양 self-cultivation
- 한발 앞서다 to be one step ahead
- 의도 intention
- 주거 residence
- 콘크리트 concrete
- 자연 친화적 nature friendly
- 각광을 받다 to come under the spotlight
- 불교 Buddhism
- 보존되다 to be preserved
- 심신 body and mind
- 치열하다 to be fierce, to be intense
- 다스리다 to rule over, to manage
- 명상 meditation
- 다도 tea drinking customs
- 서예 calligraphy

Part 3 관용 표현
- 결항되다 a flight is canceled
- 생생하다 to be vivid, to be lively
- 손해를 보다 to suffer loss/disadvantage
- 억울하다 to suffer unfairness
- 운항 operation (plane, boat etc.)

- 전면 금지 completely forbidden
- 지불하다 to pay
- 짙다 to be dark
- 폭설 heavy snow, snowstorm

Topic Vocabulary

Travel

- 경유하다 to go by way of/via (a place)
- 만석 full seat, (seats) sold out
- 무비자 no-visa, visa-free
- 발권하다 to issue a ticket
- 비자를 발급받다 to be issued a visa, to get a visa
- 세관 신고서를 작성하다 to fill out the customs declaration form
- (탑승) 수속을 마치다 to finish (boarding) procedures
- 여행 계획을 짜다 to plan a trip, to map out one's trip
- 여행자 보험에 가입하다 to get traveler's insurance
- 짐을 부치다 to check-in the luggage
- 짐을 찾다 to claim the luggage
- 짐을 챙기다 to pack
- 출국/입국 심사를 받다 to get the immigration check-up, to pass through immigration
- 출입국 신고서를 쓰다 to fill out the immigration form
- 탑승 수속을 하다 to check in

PART1 준비합시다 01 • –(으)ㄴ/는 셈이다

p.110

Grammar Focus

–(으)ㄴ/는 셈이다 is used when one concludes that a situation is true to a certain degree after examining various aspects. It is generally attached to a verb, and when attached to a noun, it takes the form of N인 셈이다.

Basic form	–(으)ㄴ 셈이다	–는 셈이다
가다	간 셈이다	가는 셈이다
먹다	먹은 셈이다	먹는 셈이다
듣다	들은 셈이다	듣는 셈이다
살다	산 셈이다	사는 셈이다
무료이다	무료인 셈이다	

ex A: 민수 씨, 한국 사람들은 진짜 매일 김치를 먹어요?
B: 네. 끼니마다 김치가 있으니까 매일 먹는 셈이죠.

ex A: 언제부터 이 원룸에서 살았어요?
B: 작년 여름에요. 지금이 겨울이니까 반 년 정도 산 셈이네요.

ex A: 저기 보세요. 신발이 한 켤레에 이천 원밖에 안 해요.
B: 이천 원요? 그러면 거의 공짜인 셈이니까 하나 사야겠어요.

Focus Plus

- (으)ㄴ/는 셈이다 can be replaced with (으)ㄴ/는 것과 마찬가지다. Also, in the case of nouns, N인 셈이다 can be used alternately with N(이)나 마찬가지다.

  ex 친구가 추천해 준 유명한 관광지 열 곳 중에서 여덟 곳을 구경했으니까 거의 다 본 셈이다.
  (= 거의 다 본 것과 마찬가지다)

- –는 셈치다 and –(으)ㄴ/는 셈이다 are similar in form but different in meaning. –는 셈치다 indicates the will to consider a situation as true for the sake of convenience though it may not be true. It is usually used in the form of –는 셈치고 when indicating that a situation in the preceding clause is assumed as true before moving on to the next action.

  ex A: 그 친구에게 돈을 빌려 줬어요? 돈을 잘 안 갚는다던데요.
  B: 저도 알고 있는데 너무 힘들다고 해서 어려운 사람 도와주는 셈치고 빌려 줬어요.

Answers

① A: 여행을 얼마나 자주 다녀요?
B: 방학이 되면 여행을 다니니까 1년에 두세 번 정도 다니는 셈이에요.

② A: 고향에 얼마나 자주 가요?
B: 명절이나 부모님 생신 때 가니까 1년에 서너 번 가는 셈이에요.

③ A: 이 중고 책상은 얼마에 구입했어요?
B: 배송비만 내고 가져왔으니까 거의 공짜인 셈이에요.

④ A: 서울에서 얼마나 오래 살았어요?
B: 태어나서 대학 때까지 살았으니까 20년 넘게 산 셈이에요.

Grammar Focus

-듯(이) indicates that the content of the following clause is similar to or the same as the previous clause. Generally, in order to explain the content of the following clause, similar examples are presented in the previous clause. It is attached to an adjective or a verb, and when attached to a noun it takes the form of N(이)듯(이). -듯 is a shortened form of -듯이.

Basic form	-듯(이)	-았/었듯(이)
다르다	다르듯(이)	달랐듯(이)
먹다	먹듯(이)	먹었듯(이)
듣다	듣듯(이)	들었듯(이)
만들다	만들듯(이)	만들었듯(이)
김치이다	김치듯(이)	김치였듯(이)
예절이다	예절이듯(이)	예절이었듯(이)

ex A: 한국에서 유학 생활을 하면서 가장 힘든 게 뭐였어요?
B: 누구나 새로운 언어와 문화를 익히는 게 어렵듯이 나도 한국어와 한국 문화를 익히는 게 가장 어려웠어요.

ex A: 내일 첫 출근인데 기분이 어때요?
B: 누구나 첫 출근이 설레듯 저도 너무 설레서 잠도 못 잘 것 같아요.

ex A: 깨우 씨, 요즘 저는 너무 우울해요. 아무도 만나고 싶지 않고 밖에 나가고 싶지도 않아요.
B: 수진 씨, 몸이 아프면 병원에 가듯이 마음이 우울하면 마음을 나눌 수 있는 사람들을 만나야 해요. 친구가 필요하면 언제든지 연락하세요.

ex A: 마틴 씨, 어제 회식 때 술 많이 마셨어요?
B: 저는 별로 안 마셨는데 김 과장님은 물을 마시듯이 술을 많이 마셔서 깜짝 놀랐어요.

ex A: 프랑스 사람들은 정말 치즈를 자주 먹어요?
B: 네. 한국 사람들이 김치를 먹듯 프랑스 사람들은 치즈를 매일 먹어요.

ex A: 선생님, 그동안 가르쳐 주셔서 정말 감사드립니다.
B: 왕단 씨, 벌써 졸업이군요. 지금까지 열심히 공부했듯 중국에 돌아가서도 꾸준히 공부하세요.

ex A: 오늘 신입생 오리엔테이션에 간다면서요?
B: 네. 제가 처음 대학교에 입학했을 때 선배들에게 많은 도움을 받았듯이 저도 후배들에게 작은 도움이라도 주고 싶어서요.

ex A: 일본에도 한국의 '한복' 같은 전통 의상이 있지요?
B: 네. 한국의 전통 의상이 한복이듯 일본의 전통 의상은 기모노예요.

Focus Plus

- –듯(이) is used in many idiomatic expressions including the following:
  - **땀이 비 오듯이 하다**: When someone is sweating heavily, it can be said he/she is sweating so much it is like pouring rain.

    ex 우리는 더운 날씨 때문에 땀이 비오듯 했지만 일을 멈출 수 없었다.
  - **거짓말을 밥 먹듯이 하다**: When someone often lies, it can be said that he/she lies habitually, like eating meals.

    ex 김대리는 거짓말을 밥 먹듯이 해서 아무도 그의 말을 믿지 않는다.
  - **물 쓰듯이 돈을 쓰다**: When someone wastes money without any consideration for budget, it can be said that he/she uses money as easily as if it were water.

    ex 지난달에 받은 용돈을 물 쓰듯이 다 써 버려서 이번 달에 쓸 돈이 하나도 남지 않았다.
  - **결과는 불 보듯이 뻔하다**: When result of a certain action is definitely foreseeable, it is compared to watching a fire.

    ex 아무리 머리가 좋아도 노력하지 않는다면 시험 결과가 좋지 않다는 것은 불 보듯이 뻔하다.
  - **가뭄에 콩 나듯이 드물다**: When a certain phenomenon or situation rarely takes place, it is compared to beans planted in a drought that cannot sprout properly.

    ex 가족이 모두 바빠서 함께 모여서 밥 먹는 것은 가뭄에 콩 나듯이 아주 드문 일이 되었다.

- –듯이 and –(으)ㄴ/는/(으)ㄹ 듯이 (See 『이화 한국어 4』 Chapter 1, p.22) are similar in form but different in meaning. –(으)ㄴ/는/(으)ㄹ 듯이 is used when the situation or action in the following clause takes place just like the situation or action in the preceding clause. On the other hand, –듯이 is used to give a widely known example in the preceding clause to explain the following clause.

  ex 사라 씨는 마치 자기가 중국 북경에 가 본 듯이 북경에 대해 이야기를 했다.

  ex 비가 내릴 듯이 바람이 불고 하늘이 어두워지기 시작했다.

  ex 서울에 오면 경복궁에 가듯이 중국에 가면 자금성에 간다.

  ex 사람마다 성격이 다르듯이 사람의 체질에도 차이가 있다.

Answers

① A: 독일의 대표적인 술은 뭐예요?
B: 한국 사람들이 소주를 마시듯이 독일 사람들은 맥주를 마셔요.

② A: 베트남의 전통 의상은 뭐예요?
B: 한국에서 한복을 입듯이 베트남에서는 아오자이를 입어요.

③ A: 일본의 전통 스포츠는 뭐예요?
B: 한국에서 씨름을 하듯이 일본에서는 스모를 해요.

④ A: 태국의 대표적인 휴양지는 어디예요?
B: 한국에 제주도가 있듯이 태국에는 푸켓이 있어요.

Grammar Focus

-고도 is used when an action or situation in the preceding clause brings about a result in the following clause that is contrary to expectations. It is usually attached to a verb.

Basic form	-고도	Basic form	-고도
주다	주고도	듣다	듣고도
먹다	먹고도	만들다	만들고도

ex A: 깨우 씨가 이번에 한국어능력시험 4급을 못 땄다면서요?
B: 네. 그렇게 열심히 공부를 하고도 시험에서 떨어지다니 믿을 수가 없어요.

ex A: 형, 우리 게임 한 시간만 더 하자.
B: 안 돼. 넌 엄마한테 그렇게 혼나고도 정신을 못 차렸어?

ex A: 요즘 취업하기가 하늘에 별 따기래요.
B: 그러게요. 좋은 대학교를 졸업하고도 취직을 못 해서 집에서 놀고 있는 사람들도 많대요.

ex A: 어제 집 근처 커피숍에서 수진 씨 남자 친구가 다른 여자와 다정하게 있는 모습을 봤어요. 제가 직접 보고도 믿을 수 없었어요.
B: 세상에, 그게 정말이에요? 빨리 수진 씨에게 이야기해 줘야겠네요.

ex A: 돈이 있으면 뭐든지 다 할 수 있다고 생각하는 사람들이 많은 것 같아요.
B: 그러게요. 그런 사람들은 우정이나 사랑처럼 돈을 주고도 살 수 없는 것들이 더 중요한 걸 모르는 것 같아요.

ex A: 아이가 저렇게 조르는데 과자를 좀 사 주지 그래요?
B: 안 돼요. 조금 전에 과자를 먹고도 또 사 달라고 조르는 거예요.

ex A: 나타샤 씨는 아이가 셋이나 있는 주부 같지 않아요.
B: 네, 맞아요. 아이를 낳고도 어떻게 몸매가 좋은지 정말 부러워요.

ex A: 약속 장소가 어디지요? 메모해 놓은 종이를 잃어버렸어요.
B: 약속 장소요? 글쎄요. 아까 분명히 들었는데 듣고도 잊어버렸네요. 마틴 씨한테 물어봐야겠어요.

ex A: 수진 씨, 음식 재료가 부족하지 않아요? 제가 나가서 좀 사 올까요?
B: 아니에요. 어제 장을 넉넉하게 봐서 10인분을 만들고도 남을 것 같아요.

ex A: 수진 씨가 마틴 씨랑 헤어졌다는 소식을 들었지요? 왜 알고도 모르는 척했어요?
B: 수진 씨가 직접 이야기할 때까지는 모르는 척하는 게 나을 것 같아서요.

ex A: 이번에 유럽을 여행하고 왔다면서요? 경비가 많이 들지 않았어요?
B: 유럽에 사는 친구들이 있어서 돈을 많이 쓰지 않고도 유럽 여기저기를 많이 여행할 수 있었어요.

Focus Plus

- The subject of the preceding clause containing –고도 and that of the following clause must be the same.

  ex 나는 남자 친구와 헤어지고도 울지 않았다. (○)

  ex 유키 씨는 용돈을 많이 받고도 동생은 용돈이 항상 부족해한다. (×)

- –고도 is not preceded by a past or future verb tense.

  ex 그 아이는 넘어지고도 울지 않았다. (○)
  그 아이는 넘어졌고도 울지 않았다. (×)

  ex 그 사람은 자기가 실수하고도 인정하지 않을 것이다. (○)
  그 사람은 자기가 실수하겠고도 인정하지 않을 것이다. (×)

- –고도 can be attached to an adjective to indicate that an object has a characteristic that was mentioned earlier and another characteristic at the same time. In this case –고 is emphasized as a connective ending.

  ex A: 마틴 씨, 회사에 입사하고 처음 맡은 프로젝트를 성공적으로 마무리했다면서요?
  B: 네. 이번 프로젝트는 신입 사원인 제겐 어렵고도 힘든 일이었어요.

  ex A: 팀장님, 이번에 회사의 신제품으로 나온 이 운동복에 대한 소비자들의 반응은 어떤가요?
  B: 이 운동복은 가볍고도 신축성이 좋아서 운동을 즐겨 하는 사람들에게 인기가 많습니다.

- –고도 is also used to emphasize the nature of something by repeating the same adjective.

  ex 민호는 고향을 떠나 멀고도 먼 타국으로 유학을 가게 되었다.

  ex 길고도 긴 여행을 끝내고 집으로 돌아가는 발걸음이 가볍다.

Answers

① A: 잠을 많이 자고도 또 졸아요?
B: 네. 요즘 아르바이트 하느라고 피곤해서요.

② A: 매일 같은 식당에서 식사하고도 식당 이름을 몰라요?
B: 네. 식당 이름이 너무 길어서요.

③ A: 배탈이 나서 병원에 다녀오고도 술 약속을 잡았어요?
B: 네. 가까운 친구의 송별회라서 빠질 수 없어서요.

④ A: 어제 보고서 때문에 야근을 하고도 아직도 보고서를 못 끝냈어요?
B: 네. 일이 손에 익지 않아서요.

Vocabulary & Expression

왜 이렇게 몸이 지치고 힘든지 모르겠다

왜 이렇게 몸이 지치고 힘든지 모르겠다 means that ***I don't know why I'm so tired and exhausted.*** 왜 이렇게 -(으)ㄴ지 모르겠다 is used to complain of dissatisfaction or hardship about a situation without knowing the reason for it.

ex A: 사라 씨, 오늘 정말 피곤해 보이네요. 왜 그래요?
B: 글쎄요. 요즘 특별한 일도 없는데 왜 이렇게 몸이 지치고 힘든지 모르겠어요.

ex A: 빨리 가야 하는데 이렇게 길이 막혀서 큰일이네요.
B: 그러게요. 항상 이 시간에는 왜 이렇게 차가 밀리는지 모르겠어요.

그럴 때일수록 몸에 좋은 음식을 챙겨 먹어야 돼요

그럴 때일수록 몸에 좋은 음식을 챙겨 먹어야 돼요 means ***When you feel like that, you should try to eat healthy food.*** -(으)ㄹ 때일수록 -어/야 하다 is used to advise the listener on how to overcome an unfavorable condition or situation mentioned in the preceding clause. 그럴 때일수록 몸에 좋은 음식을 챙겨 먹어야 돼요 is an expression used when the speaker advises the listener, who is in a bad situation, to eat good food to look after his/her health.

ex A: 요즘 쉽게 피곤하고 자꾸 감기에 걸려요.
B: 그럴 때일수록 몸에 좋은 음식을 챙겨 먹어야 돼요. 오늘 같이 삼계탕이라도 먹으러 갑시다.

ex A: 선생님, 룸메이트가 자꾸 제 물건을 허락도 없이 써서 정말 너무 화가 나요.
B: 그럴 때일수록 화를 내기보다는 친구에게 앞으로 그렇게 하지 말라고 잘 설명하는 게 좋아요.

Functional Expression

- **Expressing one's physical condition/health**
  When talking about one's health, both one's physical condition and the reasons for it can be expressed in one sentence by using -아/어서 그런지 몸이 가볍다, -아/어서 기운이 없다, or -(으)니까 힘이 나다.

  ex A: 마틴 씨, 며칠 동안 많이 아팠다면서요?
  B: 네. 한동안 감기에 걸려서 그런지 식욕도 없고 몸도 무거웠는데 운동도 꾸준히 하고 잘 먹어서 그런지 몸이 많이 가벼워졌어요. /
  네. 한동안 감기에 걸려서 밥맛도 없고 기운도 없었는데 약 먹고 쉬니까 힘이 좀 나네요.

- **Giving a rough estimate of frequency**
  When talking about what one eats and how often, one can give a rough number of times attaching 쯤 or 정도 to the specific unit of time such as a week, month, or year.

  ex 라면을 일주일에 두 번 정도 먹으니까 한 달에 여덟 번쯤 먹는 셈이에요. /
  라면을 한 달에 열 번 정도 먹으니까 일 년에 한 상자 정도 먹는 셈이네요.

Vocabulary & Expression

가공된 식품에는 이러한 첨가물이 빠지기 어렵다

가공된 식품에는 이러한 첨가물이 빠지기 어렵다 means ***It is difficult not to include these additives in processed foods.*** N에는 N이/가 빠지기 어렵다 means N is inevitably included in N. The expression can be used alternately with N에는 N이/가 꼭 들어간다, or N에는 N이/가 빠질 수 없다.

ex A: 선생님, 한국에서 봄에 피는 꽃에는 뭐가 있나요?
B: 봄을 대표하는 꽃에는 개나리와 진달래가 빠지기 어렵죠.

ex A: 오늘 우리 반 깨우 씨 생일인데 뭘 준비할까요?
B: 오늘 같이 축하해야 하는 날에는 케이크가 빠질 수 없죠.

ex A: 오늘 우리 반 모임 때 치킨을 시킬까 하는데 또 먹고 싶은 게 있어요?
B: 치킨을 먹을 때에는 맥주가 빠지기 어렵지요. 맥주도 좀 사는 게 어때요?

주의를 기울이다

주의를 기울이다 means ***to pay attention.*** This expression means to focus all one's attention to something. 기울이다 means to give heed and is used in 주의를 기울이다 or 귀를 기울이다 meaning to take an interest in and pay attention to something.

ex 운전자는 비가 올 때나 눈이 올 때는 특별히 사고가 나지 않도록 주의를 기울여야 한다.

ex 다른 사람과 대화를 할 때는 상대방의 말에 귀를 기울여야 한다.

ex 주위의 사소한 것들을 그냥 지나치지 않고 일일이 주의를 기울이다 보면 어느 한 곳에 집중할 수 없게 된다.

Functional Expression

- **To sum up what you have already said**

  When wrapping up a talk or presentation on a certain topic, expressions such as 지금까지 말씀드렸듯이 -(으)ㄴ/는 것입니다, or 앞서 언급했듯이 -ㄴ/는다고 할 수 있습니다 can be used.

  ex 지금까지 말씀드렸듯이 건강을 유지하려면 몸이 건강해야 할 뿐만 아니라 마음의 건강도 중요합니다. /
  앞서 언급했듯이 건강을 유지하려면 몸의 건강뿐만 아니라 마음의 건강도 중요하다고 할 수 있습니다.

Script

Lecturer Hello, everyone. As public interest in health is rising, the same goes for food. Although we acknowledge the need to consume healthy food, we often do not know which food is good for us. So, how do we identify healthy foods? Today I'm going to show you how to decide whether a certain food is healthy or not.

First, check the nutrition label on foods. Usually found on the back of the package, it shows what kinds of nutrients and how many calories the food contains.

Second, you should be aware of food additives, which are used to add flavor, scent, or color to food or prevent food from going bad. For example, additives are used to color colas black and vanilla scent to ice-cream. Additives are inevitably used in processed foods. However, excessive additive intake can cause disease or lead to poor health. Therefore, it's better to eat food that contains less additives or is free of additives.

Finally, the date of manufacture and the expiry date must be checked. The date of manufacture shows the date on which a food product was made, whereas the expiry date refers to the last date a food should be eaten. When buying foods, you should choose those with the latest date of manufacture and consume it before the expiry date.

As I said, to find healthy foods, it is important to check the nutrition label, food additives, the date of manufacture, and the expiry date. When shopping, it's easy to find good and healthy foods around us if we pay more attention. Thank you everyone for attending today's lecture.

Answers

(1) ② The lecturer points out that when looking for healthy food items, we need to check the nutrients (including calories) and food additives. The place of origin was not mentioned.

(2) ② Strawberry flavored milk is a processed food with strawberry flavored food additives.

(3) ① 아니요 ② 네 ③ 네
The lecturer says that people are aware of the need to eat good food but do not know which foods are healthy.

Vocabulary & Expression

속이 든든해지다

속이 든든해지다 means ***to feel full and healthy.*** 든든하다 indicates a mind that feels strong and not empty or afraid, thanks to faith in a certain thing. 속이 든든해지다 means that one is no longer hungry since the empty stomach has been filled. Also, 마음이 든든하다 means one has nothing to worry about or to be afraid of.

- ex 아침을 먹지 않아서 배가 고팠는데 친구가 준 바나나와 우유를 먹고 속이 든든해졌다.
- ex 한국의 전통 음식인 '떡'은 맛이 자극적이지 않고 적은 양으로도 속이 든든해져서 한 끼 식사로도 적당하다.
- ex 중국 여행을 갔을 때 중국어를 잘하는 친구와 같이 가서 마음이 든든했다.

마음을 뒤로하고

마음을 뒤로하고 means ***to put all lingering thoughts behind.*** N을/를 뒤로하고 is used to express regret after completing one's schedule and emphasizes special feelings, wishes, or memories upon leaving the place.

- ex 설레는 마음으로 고향을 찾은 사람들은 다시 일상을 준비하기 위해 아쉬운 마음을 뒤로하고 귀경길에 올랐다.
- ex 3박 4일 동안의 제주도 여행을 마치고 아쉬운 마음을 뒤로한 채 서울로 향하는 비행기에 올랐다.
- ex 오늘은 봉사 활동을 하는 날이어서 퇴근 후 집에 가서 푹 쉬고 싶은 마음을 뒤로하고 피곤하고 지친 몸으로 봉사 활동을 하러 갔다.

Reading Guide

The passage is a first-hand account of visits to various restaurants famed for their food. As you read, focus on how it introduces the atmosphere inside the restaurant, its major features and characteristics, and the impression the writer had while visiting the restaurants. (☞『이화 한국어 4』, p.120)

Answers

(1) ③ The passage didn't mention how the writer visited the restaurant nor how long it took.

(2) ③ The third paragraph says that *seolleongtang* was served in a crude hot pot.

(3) ① 아니요 ② 아니요 ③ 네

The writer went to the restaurant out of curiosity over the taste of the food at a gourmet restaurant that had remained in the same place and maintained its reputation for over a century.

(4) See the textbook p.204

The interior of the restaurant is described in the third paragraph, and the table setting of the food is described in the fourth paragraph.

Idiomatic Expressions

입이 짧다

This expression is used when a person is a very picky eater or eats very little.

ex A: 입맛이 없어요? 왜 이렇게 조금 먹어요?
B: 제가 원래 좀 입이 짧은 편이라서 많이 먹지 못해요.

ex A: 아이가 반찬 투정이 심하고 입이 짧아서 걱정이에요.
B: 아이와 같이 요리를 해 보는 게 어때요? 자기가 직접 만든 음식이면 맛있게 먹을 거예요.

군침이 돌다

This expression means "the mouth waters." It is used when the appetite is stimulated by something, and is also used figuratively when one gets greedy for wealth.

ex A: 출출한데 양념치킨을 시켜 먹을까요?
B: 정말 맛있겠어요. 말만 들어도 군침이 도는데요.

ex A: 어제 저녁에 먹은 한정식 정말 맛있었지요?
B: 네. 지금 생각해도 군침이 돌 정도예요. 역시 맛집으로 소개된 집이라서 그런지 정말 맛있었어요.

ex A: 주식에 투자해서 단시간에 돈을 번 사람들이 많대요.
B: 짧은 기간에 큰돈을 벌 수 있다는 것은 정말 군침 도는 이야기지만 반대로 큰돈을 한순간에 잃을 수도 있으니까 조심해야 돼요.

간에 기별도 안 가다

This expression means one hardly has the feeling of having eaten something because he/she ate so little. It is usually used when one has eaten so little that he/she is not full at all.

ex A: 이 식당은 음식이 맛은 있는데 양이 너무 적은 것 같지 않아요?
B: 맞아요. 후식까지 먹었는데도 간에 기별도 안 가네요.

ex A: 이 정도면 준비한 음식이 부족하지 않겠지요?
B: 무슨 소리예요? 손님이 10명이나 오는데 음식이 이렇게 적으면 어떻게 해요? 간에 기별도 안 가겠어요.

Vocabulary Check

Part 1 준비합시다 01

- 항목 item, article
- 빈도수 frequency
- 횟수 number of times, frequency
- 거주 residence, dwelling

Part 1 준비합시다 02

- 추수 감사절 Thanksgiving Day
- 의상 clothes, costume
- 아오자이 *ao dai* (traditional Vietnamese female dress)
- 씨름 *ssireum* (Korean wrestling)
- 스모 sumo
- 휴양지 vacation spot, resort
- 푸켓 Phuket

Part 1 준비합시다 03

- 입맛이 당기다 to simulate one's appetite
- 손에 익다 to get used to the work, to become skillful

Part 1 말해 봅시다

- 나른하다 to be drowsy, to be listless
- 체하다 to have an upset stomach, to sit heavy on the stomach
- 새콤하다 to be sourish, to be tartish
- 쌉쌀하다 to be slightly bitter, to be bitterish
- 짭짤하다 to be nicely salted
- 얼큰하다 to be somewhat peppery, to be rather hot
- 고소하다 to be savory
  to have a nutty taste, or the taste of sesame oil
- 구수하다 to be savory, to be nice smelling
- 느끼하다 to be greasy and heavy
- 질기다 to be too tough to chew
- 쫄깃쫄깃하다 to be chewy
- 말랑말랑하다 to be spongy, to be squishy
- 아삭아삭하다 to be crunchy, to be crisp
- 통째 the whole thing, altogether
- 이열치열 fight fire with fire
- 진하다 to be dark, to be strong

Part 2 토의해 봅시다

- 발효 fermentation
- 제철 in season
- 수치 figure, number
- 유전자 조작 gene manipulation
- 정제 refinement, purification
- 유기농 organic farming
- 재배 cultivation
- 친환경 eco-friendly
- 화학조미료 MSG, chemical seasoning
- 첨가 addition
- 현미 brown rice
- 잡곡 mixed grains

Part 2 들어 봅시다

- 성분 ingredients, components
- 함량 contents, quantity contained
- 첨가물 additive
- 가공하다 to process, to manufacture

Part 3 읽어 봅시다

- 외부　exterior, outside
- 내부　interior, inner part
- 깔끔하다　to be neat, to be tidy
- 볼품없다　to be shabby
- 아기자기하다　to be charming and cute
- 아늑하다　to be cozy, to be snuggly
- 아담하다　to be petite and tidy
- 허름하다　to be shabby, to be rundown
- 조리　cooking
- 노릇노릇　golden brown, yellowish
- 보글보글　simmering sound
- 지글지글　sizzling sound
- 한가운데　the middle
- 기와집　Korean traditional tiled roof house
- 기(가) 죽다　to be depressed, to feel small
- 낡다　to be old, to be aged
- 대견하다　to be content, to be proud of
- 둘러보다　to look around
- 투박하다　to be unshapely, to be unrefined
- 뚝배기　earthenware pot
- 깍두기　cubed radish kimchi
- 소박하다　to be simple, to be unsophisticated
- 속을 채우다　to stuff, to fill
- 입맛을 돋우다　to stimulate one's appetite
- 든든하다　to feel full and healthy
- 단골손님　regular customers, patrons
- 나날이　day after day

Part 3 관용 표현

- 음식을 가리다　to be picky about food
- 재물　wealth, property
- 입맛을 맞추다　to suit one's taste (palate), adapt to one's taste (palate)

Topic Vocabulary

Symptom

- 구역질이 나다　to become nauseous
- 기진맥진하다　to be throughly worn out
- 다리가 부러지다　to break one's leg
- 다리를 삐다　to sprain/wrench one's ankle
- 머리가 어지럽다　to feel dizzy
- 속이 더부룩하다　to feel bloated, to feel heavy in the stomach
- 속이 쓰리다　to have a sore stomach
- 손/발이 저리다　one's hand/foot is numb
- 숨이 차다　to be out of breath
- 어깨가 뻐근하다　to have a stiff shoulder
- 온몸이 쑤시다　to ache all over
- 얼굴이 창백해지다　to turn pale/dead white
- 입안이 헐다　to have canker sores in one's mouth
- 허리를 삐끗하다　to strain one's back
- 혓바늘이 돋다　to have a tongue rash

PART1 준비합시다 01 • -(으)ㄴ/는가 하면

p.128

Grammar Focus

-(으)ㄴ/는가 하면 is used to explain two different, conflicting situations and means "on the other hand" or "in contrast." It is generally attached to an adjective or a verb. In the case of an adjective, the form is -(으)ㄴ가 하면. In the case of a past tense verb, the form is -았/었는 하면, and for a present tense verb, the form is -는가 하면. When used with a noun, it takes the form of 인가 하면.

Basic form	-(으)ㄴ/는가 하면	-았/었는가 하면
크다	큰가 하면	-
많다	많은가 하면	-
오다	오는가 하면	왔는가 하면
꼽다	꼽는가 하면	꼽았는가 하면
살다	사는가 하면	살았는가 하면
업무이다	업무인가 하면	업무였는가 하면

ex A: 요즘 방송에 요리 관련 정보가 많던데 실제로 집에서도 쉽게 따라 할 수 있나요?
B: 제가 직접 해 보니까 쉽게 따라 할 수 있는 요리도 많은가 하면 재료 구하기 힘들어서 따라 하기 어려운 요리도 많은 것 같아요.

ex A: 한 달 생활비는 얼마 정도 들어요?
B: 일정하지 않아요. 어떤 때는 30만 원으로도 한 달을 사는가 하면 어떤 때는 그보다 훨씬 더 많은 돈이 들 때도 있어요.

Focus Plus

- -(으)ㄴ/는가 하면 is used to connect different but not necessarily contrasting aspects or responses in the same situation.

  ex A: 교실에 들어가 보니까 학생들은 뭐 하고 있었어요?
  B: 수업할 내용을 예습하는 학생이 있는가 하면 잡담을 하는 학생도 있고, 못 먹은 아침을 먹는 학생도 있었어요.

Answers

① A: 물건을 살 때 사람들은 보통 어떤 점을 보나요?
B: 글쎄요. 어떤 사람은 유행을 따르는가 하면 어떤 사람은 실용성을 생각해요.

② A: 집을 구할 때 사람들은 보통 어떤 점을 보나요?
B: 글쎄요. 어떤 사람은 교통과 편의 시설을 따지는가 하면 어떤 사람은 교육 환경을 고려해요.

③ A: 직원을 채용할 때 사람들은 보통 어떤 점을 보나요?
B: 글쎄요. 어떤 사람은 성실성을 최고로 꼽는가 하면 어떤 사람은 능력을 최고로 여겨요.

④ A: 직업을 선택할 때 사람들은 보통 어떤 점을 보나요?
B: 글쎄요. 어떤 사람은 적성에 맞는 직업을 찾는가 하면 어떤 사람은 보수나 근무 시간을 봐요.

Grammar Focus

–고자 is used to explain the purpose behind the action in the following clause. It is an expression generally used in formal situations such as speeches, presentations, reports etc.

Basic form	–고자	Basic form	–고자
만나다	만나고자	잇다	잇고자
먹다	먹고자	묻다	묻고자

ex A: 왕단 씨는 왜 우리 학교 경영학과에 지원했습니까?
B: 제 꿈은 훌륭한 경영인이 되는 것입니다. 경영학과에서 회사 경영에 필요한 여러 가지 지식을 배우고자 지원하게 되었습니다.

ex A: 여러분, 오늘은 그동안 준비한 발표를 하도록 하겠습니다. 먼저 첫 번째 조부터 시작할까요?
B: 저희 조는 한국의 경제에 대해 발표하고자 합니다.

ex A: 저희 이화백화점에서 마련한 '고객과의 만남' 행사에 참여해 주셔서 감사합니다. 다음은 이상민 사장님의 개회사가 있겠습니다.
B: 여러분, 안녕하십니까? 저희 백화점은 고객 서비스와 관련해서 고객님들의 소중한 의견을 듣고자 여러분을 모시게 되었습니다.

ex 김민희 씨는 딸의 피부병을 낫게 하고자 공기 좋은 시골로 이사 갈 것을 결심했다.

ex 이번 설문 조사는 한국인이 느끼는 정치인들에 대한 인식을 알아보고자 실시하게 되었다.

ex 서울시는 연말연시에 혼자 사는 노인을 돕고자 시민 단체와 함께 나눔 행사를 준비했다.

ex 최근 대학 졸업 후 실무 경력을 쌓고자 중소기업의 인턴으로 지원하는 젊은이들이 늘고 있다.

Focus Plus

- In a sentence containing –고자, the subject of the preceding and following clauses must be the same.

  ex 우리 팀은 이번 대회에 우승하고자 최선을 다했다. (○)
  우리 팀은 이번 대회에 우승하고자 나는 최선을 다했다. (×)

- In the preceding clause, –고자 cannot be used with the past tense forms –았/었– or future tense forms such as –겠–.

  ex 이번 수해의 피해자들을 돕고자 기부 행사를 마련했다. (○)
  이번 수해의 피해자들을 도왔고자 기부 행사를 마련했다. (×)

  ex 정부는 음식물 쓰레기를 줄이고자 쓰레기 종량제를 실시하고 있다. (○)
  정부는 음식물 쓰레기를 줄이겠고자 쓰레기 종량제를 실시하고 있다. (×)

- –고자 and –(으)려고 (See 『이화 한국어 2–1』 Chapter 1, p.27) both indicate a purpose or intention. However, –고자 is a literary expression used for formal situations while –(으)려고 is spoken language for everyday situations. There is little difference between the two in meaning. Likewise, –(으)려고 하다 and –고자 하다 are almost the same in meaning.

  ex A: 마이클 씨, 어디 가요?
  B: 간단히 뭐 좀 사 먹으려고 매점에 가는 길이에요.

  ex (사장이 직원들과의 식사 모임에서)
  A: 사장님, 한 말씀 해 주시겠습니까?
  B: 네, 이 자리는 1년 동안 수고한 여러분의 노고에 보답하고자 마련한 자리입니다. 마음껏 즐기시기 바랍니다.

- –고자, –(으)려면 (See 『이화 한국어 2–1』 Chapter 6, p.111) and –기 위해서 (See 『이화 한국어 2–1』 Chapter 6, p.116) are all used to indicate a particular goal or purpose. In the case of –고자, the following clause cannot be imperative or propositive. When the following clause is imperative or propositive –(으)려면 or –기 위해(서) can be used instead of –고자. However, in the case of –(으)려면 the following clause is generally an advisory expression such as –아/어야 해요/돼요, –(으)면 돼요, –이/가 필요해요, or –는 게 좋아요. Hence –고자 and –(으)려면 cannot be used alternately if the following clause does not contain an advisory expression.

  ex 내일 늦게까지 야근을 하려면 오늘은 일찍 퇴근하세요. (○)
  내일 늦게까지 야근을 하고자 오늘은 일찍 퇴근하세요. (×)

  ex 올해는 100명의 유학생들을 더 유치하기 위해 노력합시다. (○)
  올해는 100명의 유학생들을 더 유치하고자 노력합시다. (×)

  ex 우리 아파트 주민들은 에너지를 절약하고자 전기와 물을 아껴 사용하고 있습니다.
  (= 절약하기 위해서)
  (≠ 절약하려면)

Answers

① A: 요즘 불경기라서 많이 힘든데 어떻게 대처하고 계십니까?
B: 저는 생활비를 줄이고자 허리띠를 졸라매며 아끼고 있습니다.

② A: 요즘 불경기라서 많이 힘든데 어떻게 대처하고 계십니까?
B: 저는 부모님의 학비 부담을 덜어드리고자 틈틈이 아르바이트를 하고 있습니다.

③ A: 요즘 불경기라서 많이 힘든데 어떻게 대처하고 계십니까?
B: 저는 경쟁에서 살아남고자 밤낮을 가리지 않고 일하고 있습니다.

④ A: 요즘 불경기라서 많이 힘든데 어떻게 대처하고 계십니까?
B: 저는 실업률을 낮추고자 일자리를 늘리고 있습니다.

Grammar Focus

–기 마련이다 is used to indicate that a certain situation or event is natural or inevitable. It is often used in the form of –(으)면 –기 마련이다. It is generally attached to an adjective or a verb, and is also used with a noun in the form of N이기 마련이다.

Basic form	–기 마련이다	Basic form	–기 마련이다
바쁘다	바쁘기 마련이다	놓치다	놓치기 마련이다
많다	많기 마련이다	받다	받기 마련이다
힘들다	힘들기 마련이다	상처이다	상처이기 마련이다

ex A: 주말도 아닌데 백화점에 사람이 왜 이렇게 많지요?
B: 다음 주가 크리스마스잖아요. 이런 때는 백화점이 복잡하기 마련이에요.

ex A: 수진 씨, 음식들이 다 맛있네요. 음식 솜씨가 참 좋으신 것 같아요.
B: 솜씨가 좋기는요. 재료가 좋으면 어떤 요리나 맛있기 마련이에요.

ex A: 내일 회의에는 사장님도 참석하신다고 해서 정말 긴장되네요.
B: 그럴 것 같아요. 사장님이 참석하시는 회의에서 발표한다는 건 누구나 부담스럽기 마련이지요.

ex A: 마틴 씨, 운전할 때 통화하지 마세요. 잠시라도 부주의하면 사고가 일어나기 마련이에요.
B: 미안해요. 다음부터 주의할게요.

ex A: 영양제를 먹어도 몸이 좋아지는 느낌은 별로 없네요.
B: 그렇게 먹다 안 먹다 하면 효과가 떨어지기 마련이에요. 좀 더 꾸준히 드세요.

ex A: 유키 씨가 너무 긴장했나 봐요. 이번 시험에서 평소 실력을 발휘하지 못했대요.
B: 맞아요. 긴장하면 아는 문제도 실수하기 마련이잖아요.

ex A: 선생님, 한국어를 공부할 때 혼자 공부하는 게 좋을까요? 친구와 같이 하는 게 좋을까요?
B: 혼자 공부하다가 보면 모르는 것이 나오기 마련이니까 친구와 함께 공부하는 것도 좋은 방법이에요.

ex A: 우리 아이는 너무 책을 안 읽어서 걱정이에요. 어떻게 하면 아이가 책을 읽게 할 수 있을까요?
B: 아이들과 같이 책을 읽어 보세요. 부모와 같이 책을 읽는 시간이 많아지면 아이들은 자연스럽게 스스로 책을 읽기 마련입니다.

ex A: 영화배우 김수희 씨 딸이 영화배우로 데뷔한대요. 김수희 씨 딸도 정말 예쁘던데요.
B: 외모도 예쁘지만 연기도 기대가 돼요. 아무래도 자식들은 부모의 영향을 받기 마련이니까요.

ex A: 한국인이 좋아하는 배우 1위는 올해도 김미희 씨가 차지했군요.
B: 네, 그렇습니다. 배우에 대한 평가는 사람마다 제각각이기 마련인데 이 배우는 누구나 좋아하는 것 같습니다.

Focus Plus

- –기 마련이다 is used in the form of –기 마련이지요, –기 마련이잖아요 at the end of a sentence to emphasize that something is natural or inevitable.

  ex A: 내일 면접시험을 볼 생각을 하니까 긴장돼서 아무것도 할 수가 없네요.
  B: 그렇게 중요한 일 앞에서는 누구나 긴장하기 마련이지요. 잘할 수 있을 테니까 너무 걱정하지 마세요.

  ex A: 이번 드라마는 출연 배우들은 화려한데 시청률은 왜 이렇게 낮을까요?
  B: 글쎄요. 줄거리가 너무 식상해서 그런 것 같아요. 아무리 재미있는 이야기라도 다른 드라마에서 본 듯한 이야기가 반복되면 사람들은 싫증을 느끼기 마련이잖아요.

  ex A: 이번에 또 면접시험에서 떨어졌어요. 이제 정말 자신이 없네요.
  B: 수진 씨답지 않게 왜 그래요. 기회는 언제나 또 오기 마련이잖아요. 너무 실망하지 말고 계속 노력해 보세요.

- –기 마련이다 can also be used in the form of –게 마련이다.

  ex A: 건강하시던 저희 할머니께서 요즘 부쩍 몸이 안 좋아지셨어요.
  B: 나이가 들면 여기저기 아프기 마련이에요. 할머니를 모시고 가벼운 운동을 하는 게 어때요?
  (= 아프게 마련이에요)

  ex A: 마틴이 한국 친구를 사귀면서 한국어 실력이 많이 늘었어.
  B: 한국 친구를 사귀면 자연스럽게 한국어 실력이 늘기 마련이지.
  (= 실력이 늘게 마련이지)

Answers

① A: 밥을 너무 빨리 먹어서 배가 아파요.
B: 급하게 먹으면 체하기 마련이지요.

② A: 사이가 좋지 않았던 회사 동료와 어느새 친해졌어요.
B: 같이 일하면서 자주 보면 정이 들기 마련이지요.

③ A: 며칠 동안 계속 불고기를 먹었더니 냄새도 맡기 싫어요.
B: 맛있는 음식도 매일 먹으면 질리기 마련이지요.

④ A: 남자 친구와 헤어졌을 때는 너무 힘들었었는데 지금은 괜찮아졌어요.
B: 시간이 지나면 모든 것이 잊히기 마련이지요.

새해맞이 행사 소개하고 자신의 새해맞이 계획 말하기

p.131

Vocabulary & Expression

새해맞이

새해맞이 means ***greeting the New Year***. N맞이 means going to meet or greet, or celebrate the noun in front of it. 맞이 is also often used in expressions such as 생일맞이, 손님맞이, 설맞이, or 봄맞이.

ex 집 근처 백화점에서 오늘부터 '새해맞이 바겐세일'을 시작한다고 한다.

ex 여름 휴가철이 시작되면서 해수욕장 근처의 숙박 시설들은 손님맞이 준비가 한창이다.

마음이 끌리다

마음이 끌리다 means ***to be attracted to***. This expression indicates the growing interest in someone or something. The expression 마음이 가다 can be also used.

ex 친구에게 소개 받은 사람은 잘생긴 미남은 아니었지만 나는 그 사람의 친절하고 따뜻해 보이는 미소에 마음이 끌렸다.

ex 깨우는 한국에서 일하면서 공부를 하는 왕단 씨를 보고 자신의 처지와 비슷해서 자기도 모르게 마음이 갔다.

Functional Expression

- **Talking about various ways to enjoy a special day**

To convey the idea that people have various ways of celebrating a special day such as New Year or Christmas, expressions such as 어떤 사람들은 –(으)ㄴ/는가 하면 어떤 사람들은 –기도 해요 or –기도 하고 –기도 해요, 사람마다 달라요/제각각이에요, or 사람에 따라 다르다/다양하다 can be used.

ex A: 한국 사람들은 보통 명절에 뭐 해요?
B: 사람마다 제각각이에요. 어떤 사람들은 오랜만에 가족이나 친척을 만나는가 하면 어떤 사람들은 여행을 떠나기도 해요. /
사람에 따라 다양해요. 오랜만에 가족이나 친척을 만나기도 하고 여행을 떠나기도 해요.

- **Saying that there are a lot of people**

When saying that there are a lot of people attending an event, expressions such as –(으)로 인산인해를 이루다 or –(으)로 북새통을 이루다 can be used. 인산인해 is a figurative expression meaning that a great number of people forms mountains and sea, while 북새통 refers to a large number of people talking loudly. Other similar expressions include 발 디딜 틈이 없다, 사람들로 북적이다 etc.

ex A: 요즘 백화점에서 세일을 하니까 사람들이 엄청 많겠죠?
B: 네. 저도 어제 갔는데 사람들로 인산인해를 이루던데요. /
저도 어제 가 보니까 사람들로 북새통을 이루더라고요. /
어제 갔는데 쇼핑 온 사람들로 발 디딜 틈이 없더라고요. /
어제 가 봤더니 쇼핑 온 사람들로 북적이더라고요.

Vocabulary & Expression

넘쳐 나다

넘쳐 나다 means ***to greatly overflow***. This expression is a combination of 넘치다 and -아/어 나다 and is used when the extent of overflow or excess is great. -아/어 나다 indicates that the preceding action is completed. Expressions often used with -아/어 나다 have become fixed as in 생겨나다, 불어나다, and 벗어나다.

ex 아직 공연이 시작되지 않았는데도 가수 김민호의 대기실에는 팬들의 선물과 편지가 넘쳐 나고 있다.

ex 간밤에 내린 폭우로 저수지의 물이 계속 불어나고 있다.

왜 저렇게 챙기는지 모르겠어요

왜 저렇게 챙기는지 모르겠어요 means ***I don't know why a person is taking care of something so much***. This expression indicates that one cannot understand why another person is putting excessive effort into something, and is used to emphasize dissatisfaction at the fact. 왜 저렇게 -(으)ㄴ/는지 모르겠다 stresses the inability to understand the other person's actions or behavior and is spoken in a complaining tone.

ex A: 요코 씨는 일주일 여행을 가면서 왜 짐을 저렇게 챙기는지 모르겠어요. 한 달 여행이라도 가는 사람 같아요.
B: 그러게요. 짐이 조금 많기는 하네요.

ex A: 깨우 씨는 시험 때마다 정말 긴장을 하는 것 같아요.
B: 그러게요. 우리 반에서 한국어를 제일 잘하면서 시험 때만 되면 왜 저렇게 긴장하는지 모르겠어요.

Functional Expression

- **Stating the place and purpose of reporting**

  In an on-site interview, when the reporter introduces the site of the interview and the interviewee, he/she may use the expressions 여기는 N이다 or 저는 지금 N에 나와 있다.

  ex 여기는 젊음의 열기가 넘치는 신촌 거리입니다. /
  저는 지금 젊음의 열기가 가득한 신촌 거리에 나와 있습니다.

Script

Reporter	Today is Valentine's Day, the day for people in love. These days there are many varied special days, and I'm out here in Shinchon today to ask people what they think about this trend of marking all sorts of occasions. Hello. Do you have any special plans for today?
Young woman	Yes. My boyfriend and I are going to a nice restaurant for dinner. I've also bought some chocolates and a gift for my boyfriend.

Reporter	I see. But I'm sure the cost of celebrating these occasions is not cheap. Do you find the cost a burden?
Young woman	Well··· To be honest, it is a bit expensive. The quality of chocolates and gifts is going up and restaurants also put their prices up really high. But it's inevitable that celebrating a special day is going cost a lot of money. What does it really matter? It's a day that only comes once a year and we should be grateful as it let's us confirm our feelings for each other.
Reporter	Yes, I see. Thank you for your comments. Okay, let's talk to someone else. Hello. Today is Valentine's Day. What do you think of this trend of celebrating all kinds of special days?
Young man	It's not a Korean special occasion. I don't know why people go to such trouble to celebrate it. Isn't it a marketing stunt made up by confectionery companies? There are so many new special days these days, but I don't know whether all of them are really worth celebrating.
Reporter	Okay. Thank you. We've just heard some comments from young people, so I think I'll go and interview an older woman. Excuse me, but do you know what day it is today?
Woman	Today? It's Valentine's Day isn't it? There are a lot of special days that young people celebrate these days, like White Day or Black Day. But they're all so focused on young people that older people like me feel a bit left out.
Reporter	Okay. Thank you for talking with us. On the occasion of Valentine's Day today, we have heard people's thoughts on the various special days that are celebrated these days. This has been Kim Sangmin for NBS News.

Answers

(1) See the textbook p.205

(2) ② The young man said such special days seemed to be a marketing stunt made up by confectionery companies.

(3) ① 아니요 ② 네 ③아니요
The young woman said that the cost was a burden since the quality of chocolates and gifts was rising and restaurants charged high prices, but as it was a special day, such problems had to be tolerated. She said that as today was Valentine's Day, she had bought chocolates and a gift for her boyfriend and that the two of them planned to have dinner at a nice restaurant.

Vocabulary & Expression

추석빔

추석빔 means ***new clothes for Chuseok (Harvest Moon Festival).*** 빔 means new clothes specially prepared for a holiday or special occasion. It is often used in expressions such as 추석빔 and 설빔.

ex A: 한복을 입었네요?
B: 네. 엄마가 추석빔으로 사 주신 한복이에요.

ex A: 오늘 뭐 해요?
B: 다음 주가 설이잖아요. 그래서 엄마하고 설빔을 마련하려고 백화점에 가기로 했어요.

안성맞춤이다

안성맞춤이다 means ***to be a perfect match.*** From old times, the city of Anseong in Gyeonggi-do has been famous for its brassware. The craftsmen of Anseong were so skilled that everyone was satisfied with their products. This expression is used when a product is made perfectly according to all demands or when circumstances or situations turn out well like brass dishes made in Anseong.

ex A: 이 옷 어때요? 내일 면접에 입고 가려고 하는데요.
B: 단정하고 아주 좋아요. 면접을 보기에 안성맞춤이네요.

ex A: 부모님께 드릴 선물을 찾고 있는데요. 어떤 게 좋을까요?
B: 부모님께 드릴 선물이라면 혈액 순환을 돕는 건강식품이 안성맞춤이지요.

Reading Guide

An introduction to something is a piece of writing that objectively conveys facts about a certain subject or object to other people. Read the passage focusing on the subject introduced, the process of its historical development, and what features or characteristics it has. (☞『이화 한국어 4』, p.138)

Answers

(1) See the textbook p.205

(2) See the textbook p.205
The second paragraph explains the work carried out on Chuseok.

(3) ② People usually clean up the graves of their ancestors before Chuseok.

(4) See the textbook p.205
The third paragraph talks about why people try to make nice-looking *songpyeon* (half-moon shaped rice cakes).

Idiomatic Expressions

녹초가 되다

This expression describes a state where one is so tired that he or she has no energy or strength left. It is generally used in the past-tense form like 녹초가 됐어요. Sentence forms such as 녹초가 돼서 잠이 들다 or 녹초가 돼서 쓰러지다 are often used along with a similar expression, 파김치가 되다.

ex A: 마틴 씨, 우리 저기 있는 가게에 한 번만 더 가 봐요.
B: 이제 쇼핑은 그만하고 집에 가면 안 될까요? 날씨도 더운데 두 시간이나 걸었더니 완전히 녹초가 돼 버렸어요.

ex A: 어제 이사했지요? 집 정리는 다 했어요?
B: 말도 마세요. 짐이 어찌나 많은지 짐만 옮겼는데 녹초가 돼서 쓰러졌어요. 집 정리는 천천히 해야겠어요.

ex A: 주말에 돌잔치는 잘했어요?
B: 네. 그런데 너무 힘들었어요. 집에 돌아오자마자 파김치가 돼서 잠들었어요.

손이 모자라다

This expression means there are not enough people to do the work. 일손이 모자라다 or 손이 부족하다 can also be used to express the same meaning.

ex A: 이삿짐은 언제 옮기세요? 혹시 손이 모자라면 말씀하세요. 제가 도와드릴게요.
B: 말씀만으로도 감사해요. 다른 분들이 많이 도와주기로 했어요.

ex A: 집들이 손님 준비로 이것저것 바쁜데 손이 너무 부족해요. 유키 씨가 와서 좀 도와줄 수 있어요?
B: 네, 제가 도와드릴게요.

손꼽아 기다리다

This expression means that one counts the days to a certain date, filled with anticipation or remorse. When used with a verb, it takes the form of –기(를) 손꼽아 기다리다.

ex A: 왜 그렇게 시무룩해요? 무슨 일 있어요?
B: 손꼽아 기다리던 여행이 태풍 때문에 취소됐어요.

ex A: 유키 씨, 이번 연휴에 가족들이 한국에 놀러 온다면서요?
B: 네. 못 본 지 너무 오래돼서 가족이 한국에 오기만을 손꼽아 기다리고 있어요.

Vocabulary Check

Part 1 준비합시다 01

- 남아돌다 — to be in excess, to have too many
- 배우자 — spouse, partner
- 중시하다 — to place importance on
- 재력 — wealth
- 우선시하다 — to place priority on
- 성실성 — sincerity

Part 1 준비합시다 02

- 유래 — origin
- 취업 준비생 — person preparing for employment
- 허리띠를 졸라매다 — to tighten one's belt
- 덜다 — to reduce, to lessen
- 틈틈이 — in one's spare time
- 자영업자 — self-employed person
- 실업률 — unemployment rate
- 늘리다 — to increase

Part 1 준비합시다 03

- 정이 들다 — to become fond of
- 어느새 — in no time
- 맡다 — to take charge of
- 질리다 — to be fed up with
- 잊히다 — to be forgotten

Part 1 말해 봅시다

- 새해맞이 — greeting the New Year
- 제야의 종 — New Year's Eve bell-ringing ceremony
- 참여하다 — to participate, to take part in
- 해맞이 — sunrise
- 다짐 — pledge, vow
- 묵다 — to be old
- 인산인해 — a big crowd
- 붐비다 — to be crowded, to be swarming with people
- 인파 — crowd
- 북적이다 — to be crowded and bustling
- 솔깃하다 — to be interesting
- 보신각 — Bosingak (bell pavilion)
- 정각 — the exact time, right on time
- 장관 — grand sight/scene

Part 2 토의해 봅시다

- 어버이 — parents
- 스승 — teacher
- 밸런타인데이 — Valentine's Day
- 이벤트 — event
- 상업적 — commercial

Part 2 들어 봅시다

- 과도하다 — to be excessive

Part 3 읽어 봅시다

- 풍습 — custom
- 길쌈놀이 — weaving
- 빚다 — to brew
- 추석빔 — new clothes for Chuseok
- 음복 — eating food from the ritual table
- 강강술래 — *ganggangsullae* (circle dance)

- 베를 짜다 to weave cotton cloth
- 내기를 하다 to make a bet
- 벌이다 to undertake
- 묘 grave, tomb
- 베다 to cut
- 햇과일 newly harvested fruits
- 햇곡식 newly harvested grains (rice)
- 제사를 지내다 to hold a memorial rite (for ancestors)
- 풍성하다 to be abundant, to be plentiful
- 한가위 *Hangawi* (another name for Chuseok)
- 가배 *Gabe* (ancient name for Chuseok)
- 수확하다 to harvest
- 절식 seasonal food
- 토란국 taro soup
- 농악 *nongak* (farmar's music)
- 화합을 다지다 to strengthen unity
- 풍작 bumper harvest, good harvest

Part 3 관용 표현

- 기대에 차다 to be filled with anticipation
- 날짜를 꼽다 to count off the days

Topic Vocabulary

Special Days

- 3월 1일 삼일절 March 1st Independence Movement Day
- 4월 8일(음력) 석가탄신일 April 8 (lunar), Buddha's Birthday
- 5월 5일 어린이날 May 5, Children's Day
- 5월 8일 어버이날 May 8, Parents' Day
- 5월 15일 스승의 날 May 15, Teachers' Day
- 6월 6일 현충일 June 6, Memorial Day
- 8월 15일 광복절 August 15, Independence Day
- 10월 9일 한글날 October 9, Hangeul Day
- 12월 25일 성탄절 December 25, Christmas
- 결혼기념일 wedding anniversary
- 공휴일 public holiday
- 개교기념일 school foundation day
- 기념 선물을 돌리다 to hand out memorial gifts
- 기념식에 참석하다 to attend a memorial ceremony
- 기념행사를 하다 to hold a memorial event
- 창립 기념일 foundation day

PART1 준비합시다 01 • 여간 –지 않다

p.146

Grammar Focus

여간 –지 않다 indicates a state that is far beyond average. It is attached to an adjective, a verb, or a noun. When attached to a noun, it takes the form of 여간 N이/가 아니다.

Basic form	여간 –지 않다	Noun	여간 –지 않다
바쁘다	여간 바쁘지 않다	천재	여간 천재가 아니다
먹다	여간 먹지 않다	우등생	여간 우등생이 아니다

ex A: 공부하면서 아르바이트하는 게 쉽지 않을 텐데요.
B: 네. 처음엔 몰랐는데 공부하면서 일을 한다는 게 여간 힘들지 않네요.

ex A: 요즘 우리 아이가 편식이 심해져서 정말 걱정이에요. 수진 씨 아이도 그래요?
B: 저희 아이는 한동안 밥을 잘 안 먹었는데 요즘에 운동을 시켰더니 밥을 여간 잘 먹지 않네요.

ex A: 마틴 씨가 살고 있는 하숙집 아주머니는 어떤 사람이에요?
B: 우리 하숙집 아주머니는 여간 친절하신 분이 아니에요. 항상 저를 볼 때마다 불편한 게 없는지 물어봐 주시고 도움이 필요할 때 친절하게 도와주시거든요.

Focus Plus

- 여간 –지 않다 can be replaced with 여간 –(으)ㄴ/는 게 아니다. Also, 여간 –지 않다 and 여간 –(으)ㄴ/는 게 아니다 emphasize the meaning of 아주 많이+V/A in the negative form. Therefore, 아주 많이+V/A can be used instead of 여간 –지 않다 or 여간 –(으)ㄴ/는 게 아니다.

  ex 이삿짐을 싸고 옮기는 게 <u>여간 번거롭지 않아서</u> 이삿짐센터의 도움을 받기로 했다.
  (= 여간 번거로운 게 아니라서)
  (= 아주 많이 번거로워서)

- The expression 여간이 아니다 means not ordinary but excellent and is used to indicate that someone has a rare talent, or a situation is very serious.

  ex A: 어제 유키 씨 집들이에 다녀왔지요? 유키 씨는 요리를 잘해요?
  B: 네. 한국 음식, 일본 음식, 중국 음식까지 음식 솜씨가 여간이 아니던데요.

Answers

① A: 아버님께서 돌아가셨다면서요? 정말 슬프시겠어요.
B: 네. 아버님 생전에 효도를 하지 못해서 여간 후회되지 않아요.

② A: 다음 달에 결혼을 한다면서요? 좋으시겠어요.
B: 네. 그런데 이것저것 준비하느라 여간 바쁘지 않아요.

③ A: 원하는 대학에 합격했다면서요? 기쁘시겠어요.
B: 네. 그런데 등록금이 너무 비싸서 여간 부담스럽지 않네요.

④ A: 이번 휴가에 가족 여행을 간다면서요? 좋으시겠어요.
B: 네. 가족 여행은 처음이라 여간 설레지 않아요.

Grammar Focus

-도록 is used to emphasize a situation, way of behavior, or degree of behavior in the following clause. It is only attached to a verb in the present tense.

Basic form	-도록	Basic form	-도록
나다	나도록	넘다	넘도록
마르다	마르도록	닳다	닳도록

ex A: 오늘 이것저것 산다고 일찍 나가더니 사고 싶은 건 다 샀어?
B: 아니. 오늘 하루 종일 신발이 닳도록 돌아다녔는데 마음에 드는 게 없어서 하나도 못 샀어.

ex A: 지난번에 고향에 갔을 때 우리가 졸업한 고등학교에 갔었다면서? 학교 근처에 있던 그 분식점은 아직도 있어?
B: 응. 우리가 문턱이 닳도록 다녔던 그 분식점은 아직도 그대로더라.

ex A: 어제 수진 씨가 만들어 준 음식 정말 맛있었다면서요?
B: 네. 수진 씨 음식 솜씨가 대단하던데요. 정말 맛있어서 배가 터지도록 먹었어요.

ex A: 대학교 입학 원서를 냈다면서요? 어떻게 됐어요?
B: 어제가 합격 발표 날짜여서 눈이 빠지도록 기다렸는데 연락이 오지 않았어요.

ex A: 사라 씨는 혼자서 한국으로 유학을 왔는데 가족이 그립지 않으세요?
B: 당연히 그립지요. 가끔 눈물이 나도록 고향에 있는 가족들이 그리울 때가 있어요.

ex A: 오랜만에 김치찌개 먹으러 갈까요?
B: 아내가 할 줄 아는 음식이 김치찌개밖에 없어서 김치찌개는 질리도록 먹고 있어요. 다른 거 먹읍시다.

ex A: 어제 운동 열심히 했어요?
B: 네. 온몸이 땀에 젖도록 운동장을 달렸어요.

Focus Plus

- -도록 is used in some exaggerated expressions so often that they have become idiomatic expressions as in the following examples.
  - **배꼽이 빠지도록 웃다**: to laugh so hard that the belly button falls off (to laugh very much)
    ex 친구들과 옛날이야기를 하면서 얼마나 배꼽(이) 빠지게 웃었는지 시간이 가는 줄도 몰랐다.
  - **눈이 빠지도록 기다리다**: to do something for so long that your eyes might fall out (to wait for a very long time)
    ex 눈이 빠지도록 기다렸지만 그 사람은 끝내 오지 않았다.
  - **목이 터지도록 (노래를) 부르다**: to sing so hard that the throat aches (to sing one's heart out)
    ex 나는 보통 노래방에서 목이 터지도록 노래를 부른다.

- 입에 침이 마르도록 칭찬하다: to praise someone so much that the saliva dries up (to praise somebody nonstop)

  ex 선생님들은 사라 씨를 입에 침이 마르도록 칭찬하셨다.

- 손이 발이 되도록 빌다: to beg so desperately for forgiveness that the hands become feat (to beg for forgiveness desperately)

  ex 손이 발이 되도록 빌었지만 사라 씨는 유키 씨를 용서하지 않았다.

- (같은 말을) 귀에 못이 박히도록 듣다: to hear something so often that a callus forms in the ear (to hear the same thing over and over again)

  ex 거짓말을 하지 말라는 말을 어렸을 때부터 귀에 못이 박히도록 들었다.

- –도록 also indicates reaching a time limit, in which case it is preceded by an expression indicating time. For example, (time)이/가 되다, 지나다, 넘다 is often used with –도록.

  ex 요즘 밤 12시가 되도록 도서관에서 공부하는 나를 위해 어머니께서 건강식을 준비해 주셨다.

  ex 인터넷이 연결되지 않아서 일주일이 넘도록 이메일을 확인하지 못했다.

- –도록 is used in order to suggest a certain action or behavior in the following clause based on the action or purpose in the preceding clause. (See『이화 한국어 2–1』Chapter 6, p.110) It is followed by –(으)세요 or –(으)십시오 in the following clause. In this case, –도록 can be replaced with –게 (See『이화 한국어 3–1』Chapter 1, p.19) since the meaning is similar.

  ex 감기에 걸리지 않도록 옷을 따뜻하게 입으세요.
  (= 감기에 걸리지 않게)

  ex 아이가 먹을 수 있도록 너무 맵지 않게 해 주세요.
  (= 아이가 먹을 수 있게)

Answers

① A: 왜 그렇게 기운이 없고 우울해 보여요?
B: 남자/여자 친구에게 큰 실수를 해서 며칠 동안 손이 발이 되도록 빌었는데 사과를 받아주지 않아서요.

② A: 배가 부르다면서 왜 끝까지 먹고 있어요?
B: 음식을 버리면 벌 받는다고 부모님께 귀에 못이 박히도록 들었거든요.

③ A: 점심을 먹으러 왜 그렇게 먼 곳까지 갔다 왔어요?
B: 친구가 그 식당이 음식을 잘한다고 입에 침이 마르도록 칭찬을 했거든요.

④ A: 왜 그렇게 문 앞에서 초조하게 서성거리고 있어요?
B: 중요한 택배가 오기로 해서 눈이 빠지도록 기다리고 있는 중이에요.

p.148

Grammar Focus

(으)로 인해 is used to indicate that the content of the previous clause is the cause or reason of the following clause. It is only attached to a noun.

Noun	N(으)로 인해 V/A	N(으)로 인한 N
비	비로 인해	비로 인한 피해
사고	사고로 인해	사고로 인한 사망자
졸음	졸음으로 인해	졸음으로 인한 운전사고
지진	지진으로 인해	지진으로 인한 영향
산불	산불로 인해	산불로 인한 재산 피해

ex A: 김정우 기자, 이번 장마로 많은 피해를 입었다고 들었습니다.
B: 네. 이번 장마로 피해가 속출하고 있는데요. 특히 갑작스런 폭우로 인해 피해를 입은 농민들이 많습니다.

ex A: 건조한 날씨 때문에 산불이 여기저기서 발생하고 있습니다.
B: 네, 맞습니다. 이렇게 건조한 날씨에는 산에서 담배를 피우다가 담뱃불로 인해 산불이 날 수 있기 때문에 산행할 때 산불이 발생하지 않도록 각별히 주의해야 합니다.

ex A: 대학을 졸업하고 나서 취업에 성공하는 학생이 10명 중 한두 명밖에 안 된다니 정말 걱정이네요.
B: 그러게요. 요즘 심각한 취업난으로 인해 취업을 포기하고 아르바이트만 하는 사람들이 많대요.

ex A: 뉴스를 보니까 한국인 암 사망률 1위가 폐암이래요.
B: 네. 흡연으로 인해 매년 폐암 환자가 늘고 있대요.

ex A: 지난주에 중국에서 큰 홍수가 발생했대요.
B: 네. 저도 신문에서 봤어요. 이번에 발생한 홍수로 인해 수십만 명이 죽고 다쳤대요.

ex A: 돌잔치에는 금반지를 선물해 준다면서요?
B: 예전에는 그랬는데 금값 상승으로 인해 최근에는 돌잔치 때 금반지를 선물하는 사람들이 많지 않대요.

ex A: 환경 오염으로 인해 동물들이 멸종되고 있다는 기사를 봤어요?
B: 네. 그 기사를 보면서 환경 보호의 심각성을 깨달았어요.

ex A: 요즘 음주 운전 단속을 자주 하는 것 같아요.
B: 네. 연말이라 그런지 음주로 인한 교통사고가 많아져서 그런가 봐요.

ex A: 신문에서 보니까 학교 폭력으로 인한 스트레스 때문에 학교에 가기 싫어하는 학생들이 많대요.
B: 네, 맞아요. 학교 폭력 문제는 시급히 해결해야 할 문제인 것 같아요.

Focus Plus

- N(으)로 인해 can also be used without 인해 as in N(으)로.

  ex 그 작가는 작년에 발표한 소설로 인해 인기를 얻기 시작했다.
  (= 소설로)

  ex 그는 어렸을 때 겪었던 가난으로 인해 일찍 성숙했다.
  (= 가난으로)

- N(으)로 인한 can be replaced with N(으)로 생긴/발생한.

  ex 직장인들의 불면증, 소화 불량, 만성 피로 등의 주요 원인은 과도한 업무로 인한 스트레스라고 한다. (= 과도한 업무로 생긴)

  ex 최근 이상 기온으로 인한 자연재해들이 곳곳에서 일어나고 있다.
  (= 이상 기온으로 발생한)

- N(으)로 인해 can be replaced with N 때문에 (See 「이화 한국어 2-1」 Chapter 3, p.57) since the meaning is similar. However, N(으)로 인해 is used in a formal situation or in written language while N 때문에 is usually used in everyday spoken language.

  ex A: 김수진 기자, 이번 지진으로 얼마나 많은 사람들이 피해를 봤습니까?
  B: 통계청에 의하면 이번 지진으로 인해 약 100여 명의 사상자가 발생했다고 합니다.

  ex A: 이렇게 눈이 많이 오는데 오늘 야외에서 하는 공연을 진행할 수 있을까요?
  B: 아무래도 눈 때문에 공연이 취소될 것 같아요.

Answers

① A: 한강의 물이 많이 불었다고 하던데요. 원인이 무엇입니까?
B: 네, 어제 갑자기 쏟아진 비로 인해 한강의 물이 많이 불었다고 합니다.

② A: 남부 지방의 많은 농작물이 말라 죽었다고 하던데요. 원인이 무엇입니까?
B: 네, 올해 심하게 든 가뭄으로 인해 남부 지방의 많은 농작물이 말라 죽었다고 합니다.

③ A: 이번 달 전기 사용량이 급증했다고 하던데요. 원인이 무엇입니까?
B: 네, 연일 계속된 무더위로 인해 이번 달 전기 사용량이 급증했다고 합니다.

④ A: 고속도로에서 10중 추돌 사고가 났다고 하던데요. 원인이 무엇입니까?
B: 네, 오늘 새벽에 짙게 낀 안개로 인해 고속도로에서 10중 추돌 사고가 났다고 합니다.

PART1 말해 봅시다 자신이 원하는 배우자와 결혼식에 대해 말하기

p.149

Vocabulary & Expression

외모를 따지다

외모를 따지다 means ***to nit-pick about a person's appearance.*** N을/를 따지다 means to examine all conditions carefully in order to make a choice or decision.

ex 기업들은 신입 사원을 채용할 때 학력과 경력을 따진다.

ex 결혼을 할 때 상대방의 집안을 따지는 사람들이 많다.

무슨 소리예요?

무슨 소리예요? means ***What do you mean?.*** This expression is used to express one's embarrassment at or disapproval of what the other party said. It is also used to express wonder or disbelief and can be replaced by 무슨 말이에요?

ex A: 유키 씨는 한국어를 잘하니까 저 좀 가르쳐 주세요.
B: 그게 무슨 소리예요? 제가 얼마나 한국어를 못하는데요.

ex A: 히로 씨가 사라 씨와 헤어졌대요.
B: 그게 무슨 말이에요? 지난주까지만 해도 결혼 얘기를 했었는데. 정말 말도 안 돼요.

Functional Expression

- **Talking about the qualities sought in an ideal partner**
  When talking about the most important quality one seeks in a future spouse, you can say 저는 일단 N(이)면 좋겠다, or 저는 먼저 N을/를 보다. You can also say 이왕이면 -았/었으면 더 좋다, to add another quality you would seek if you were to marry that person.

  ex A: 사라 씨는 어떤 남자와 결혼하고 싶어요?
  B: 저는 일단 성격이 좋은 남자면 좋겠고 이왕이면 경제적인 능력도 있었으면 더 좋겠어요. /
  저는 이성을 만날 때 먼저 성격을 봐요. 그리고 이왕이면 경제적인 능력도 있으면 더 좋죠.

- **Saying that you have heard the same thing over and over**
  To say that one is sick and tired of hearing something repeated so often, expressions such as -(으)라는 말을 귀가 닳도록 들었다, -(으)라는 말을 귀가 아프게 들었다, -(으)라는 말을 귀에 못이 박히도록 들었다, -(으)라는 말을 귀가 따갑게 들었다, or -(으)라는 말을 수도 없이 들었다 can be used.

ex A: 이번 추석 때 자주 못 보던 친척들을 만나서 좋았겠어요.
B: 말도 마세요. 추석 연휴 내내 결혼하라는 말만 귀가 닳도록 들었어요. /
좋기는요. 추석 연휴에 결혼하라는 말을 귀가 아프게 들었어요. /
아니에요. 추석 연휴 동안 빨리 결혼하라는 말만 수도 없이 들었어요.

Vocabulary & Expression

결혼을 앞두다

결혼을 앞두다 means ***to have one's wedding near at hand.*** 앞두다 means one has a certain time or distance left before a goal. N을/를 코앞에 두다 or N이/가 코앞이다 is used when there is only a short time left before a certain goal or event.

ex 소설가 김영호 씨는 결혼을 앞둔 젊은 남녀에게 이 책을 추천했다.

ex 졸업을 코앞에 둔 학생들은 너도나도 취직 준비에 한창이다.

ex 시험이 코앞이라서 그런지 아침부터 도서관에 앉을 자리가 없다.

한번 알아보도록 하겠다

한번 알아보도록 하겠다 means ***I will investigate.*** When starting a presentation or survey, one can use expressions such as 한번 알아보도록 하겠다 or 한번 살펴보도록 하겠다 in order to introduce the topic. −도록 하겠다 indicates the speaker's will or determination to do something. When 한번 is added in front of −아/어 보도록 하겠다, it emphasizes that the speaker is going to attempt a certain action.

ex 지금부터 세대별 여가 활동에 대해 한번 알아보도록 하겠습니다.

ex 오늘은 졸업을 앞둔 20대 남녀의 선호 직업에 대해 한번 살펴보도록 하겠습니다.

ex 이번 시간에는 어떻게 하면 한국어를 좀 더 효율적으로 공부할 수 있는지를 한번 알아보도록 하겠습니다.

Functional Expression

- **Talking about the participants of a survey**

  When talking about the information and number of participants that have been surveyed on a subject matter, you can express that you conduct a survey targeting (age group) (profession) (number of respondents)명을 대상으로, or (place of residence) (age group) (gender) (number of respondents)명을 대상으로.

ex 10대 고등학생 100명을 대상으로 인터넷 이용 시간에 대한 설문 조사를 했는데 그 조사 결과 응답자의 70% 이상이 하루에 두 시간을 이용한다고 답했다.

ex 대학 입학을 앞둔 19살 예비 대학생 500명을 대상으로 대학 입학 후 가장 하고 싶은 것에 대해 물어본 결과 가장 하고 싶은 것으로 배낭여행을 꼽았다.

ex 서울에 살고 있는 20~30대 남성 200명을 대상으로 인생의 우선순위를 조사한 결과 1위가 건강, 2위가 직업적 성공, 3위가 결혼으로 나타났다.

Script

Host — What does the young generation think about marriage and how are they preparing for it? Today, we're going to look at the views on marriage of young people who are soon going to be wed. Let's meet our reporter Kim Sangmi. Hello, Kim Sangmi, what do today's young people think of marriage?

Reporter — Last month, a survey on marriage was carried out targeting 500 single men and women aged 25 to 34. According to the results, 80% of respondents regarded marriage as "investment for a happy life" and also "the start of preparation for old age." Such findings represent great changes from the past when young people mostly associated marriage with love, sacrifice, responsibility, or duty.

Host — I see. The younger generation's views on marriage are much more realistic that those of the older generations. If so, what's their view on wedding preparations including all the furnishings, housing, and wedding gifts? In fact, these things become a great burden on young couples.

Reporter — Definitely. So many respondents said that it would be a better idea to buy things one by one while living together, instead of buying everything they need all at once, which requires a lot of money. In addition, many said they wanted to minimize expenses for wedding gifts and the wedding ceremony, and instead save the money or invest in stocks to buy a house in the future.

Host — I see. In the past, it was the practice for the groom to prepare the marital home and the bride to provide all the furnishings for the home. But it's good to see that young people today are willing to prepare the things they need together after marriage. The survey results show that the younger generation's view of marriage has changed greatly compared to the past. Thank Kim Sangmi for your report.

Answers

(1) See the textbook p.206

(2) ② They said they would like to minimize the wedding gifts and wedding expenses and instead put the money in the bank or invest in stocks to buy a home later on.

(3) ① 아니요 ② 네 ③ 아니요
This survey was conducted targeting unmarried men and women aged 25–34 years old. The younger generation's views on marriage have changed to become more realistic, and the process of marriage preparation has changed as well. Unlike the past when the groom would prepare a house and the bride furnish the house, men and women these days prepare the things they need together.

Vocabulary & Expression

순으로 나타났다

순으로 나타났다 means ***to appear in order.*** When presenting research findings, this expression can be used to present the data in descending order of percentage.

- ex 첫 월급을 누구를 위해 쓰겠냐는 질문에 가족이라고 답한 사람이 65%로 가장 많았고, 연인이라고 대답한 사람이 20%, 스스로를 위해 쓰겠다는 사람이 15% 순으로 나타났다.
- ex 고등학생 100명을 대상으로 고민이 있을 때 누구와 이야기를 하느냐는 질문에 '친구'가 72%, '선생님'이 15%, '부모님'이 5%, '기타'가 8% 순으로 나타났다.

그 뒤를 이었다

그 뒤를 이었다 means that ***it was followed (by).*** When presenting the analysis results of a survey, this expression is used to add and simply explain further findings following the initial finding.

- ex 선호하는 직업을 묻는 질문에 대기업 직원이라는 응답이 56%로 가장 많았고, 공무원이라는 응답이 30%로 뒤를 이었다.
- ex 10대를 대상으로 한 스마트폰의 사용 용도에 대한 질문에 '게임'이라는 대답이 48%로 가장 많았고, 'SNS 활동'이 32%로 그 뒤를 이었다.

Reading Guide

A survey report is a summary including the questionnaire used to conduct a survey or obtain statistical data on a certain topic and an overview of the results. Read the report focusing on the purpose of the survey and the results. (☞「이화 한국어 4」 p.156)

Answers

(1) ④ In the first paragraph, the purpose of the survey is revealed.

(2) See the textbook p.206

(3) ④ In the fifth paragraph, the majority of respondents at 67% replied that a couple should take joint responsibility for child care.

(4) ① 네 ② 아니요 ③ 아니요 ④ 아니요
In the past, child care was considered a woman's job. The results of this survey show that unmarried Korean men are accepting the idea that childcare is the responsibility not only of the woman but both parents. From the survey results, it can be seen that young Korean men's notions of patriarchy are changing greatly.

국수를 먹다 / 바가지를 긁다 / 눈에 콩깍지가 씌다

p.159

Idiomatic Expressions

국수를 먹다

This expression is originated from the time-honored Korean custom of serving wedding guests a bowl of noodles and means "to get married." The causative form 국수를 먹이다 or 국수를 먹게 하다 is usually used, which mean "to invite to a wedding" or "to ask to come to a wedding."

ex A: 언제쯤 국수를 먹여 줄 거예요?
B: 내년 초에는 결혼식을 올리려고 해요.

ex A: 이거 제 결혼식 청첩장이에요. 꼭 오셔서 축하해 주세요.
B: 그럼요. 이제 드디어 국수를 먹겠군요.

바가지를 긁다

This expression usually refers to a woman nagging and complaining about things to her husband.

ex A: 여보, 당신은 왜 퇴근하면 항상 소파에서 꼼짝도 안 하고 있어요? 설거지도 하고, 청소도 좀 하고……. 집안일 좀 도와주세요.
B: 바가지 좀 그만 긁어요. 도와주려고 하다가 당신 바가지 긁는 소리를 들으면 하고 싶은 마음이 없어져요.

ex A: 요즘 아내가 바가지 긁는 소리 때문에 머리가 아파.
B: 우리 집사람도 잔소리가 이만저만이 아니야. 잔소리를 한번 시작하면 끝이 없다니까.

눈에 콩깍지가 씌다

콩깍지 is the hull that remains after removing the beans from the pod. 눈에 콩깍지가 씌다 is a figurative expression, meaning the eyes are blinded by the hulls and one cannot see things properly. It is generally used to mean that someone grows to like another person or an object so much that he/she does not see or care about anything else.

ex A: 수진 씨는 마틴 씨 어디가 그렇게 좋대요?
B: 그러게요. 눈에 콩깍지가 씌었는지 마틴 씨 모든 게 다 좋대요.

ex A: 유키 씨한테 남자 친구 단점에 대해 물었더니 없대요.
B: 사랑을 하면 누구나 눈에 콩깍지가 씌어서 상대방의 단점은 눈에 보이지 않나 봐요.

Vocabulary Check

Part 1 준비합시다 01

- 반항 — resistance, defiance
- 갑작스럽다 — to be sudden, to be unexpected

Part 1 준비합시다 02

- 눈이 빠지다 — to have very sore eyes, literally "one's eyes fall out"
- 터지다 — to burst
- 목이 쉬다 — the voice grows hoarse
- 벌 — punishment, penalty
- 서성거리다 — to walk back and forth with uncertainty

Part 1 준비합시다 03

- 저하 — decline, drop
- 물이 불다 — the water rises
- 농작물 — farm produce, crops
- 가뭄이 들다 — to have a drought
- 급증하다 — to suddenly increase
- 추돌 — rear-end collision

Part 1 말해 봅시다

- 확실하다 — to be certain, to be solid
- 다정다감하다 — to be sweet and caring
- 애교 — charm, cuteness
- 상당히 — considerably, fairly
- 하객 — guests at a ceremony, congratulators
- 양가 — both families
- 조촐하다 — to be low-key, to be small and intimate
- 단둘 — only two persons

Part 2 토의해 봅시다

- 중매 — matchmaking
- 연애 — having a relationship
- 당사자 — the parties or person concerned
- 예복 — ceremonial suit, ceremonial dress
- 연지 — rouge
- 족두리 — traditional Korean bride's headpiece
- 턱시도 — tuxedo
- 면사포 — bridal veil
- 얽매이다 — to be tied down, be busy with
- 주례 — officiating at a wedding ceremony
- 혼인 서약서 — marriage vows
- 관습 — custom, tradition

Part 2 들어 봅시다

- 장만하다 — to purchase
- 투자하다 — to invest
- 기성세대 — older generation, adults
- 예물 — wedding gifts
- 혼수 — furnishings for the marital home and wedding gifts

Part 3 읽어 봅시다

- 성의껏 — wholeheartedly, sincerely
- 성별 — distinction of sex/gender
- 담당하다 — to be in charge of
- 문항 — question item
- 대를 잇다 — to inherit, to succeed
- 양육 — parenting, child care
- 응답 — reply, answer, response
- 비율 — rate, percentage, proportion
- 차지하다 — to occupy, to take up

- 순 turn, order
- 꾸준히 steadily, constantly
- 남아 선호 사상 preference for (baby) boys
- 몫 share, portion, allotment
- 가부장적 paternalistic, patriarchal
- 과반수 majority, greater number

Part 3 관용 표현

- 결혼식을 올리다 to hold a wedding
- 반하다 to fall in love

Topic Vocabulary

Marriage

- 며느리 daughter-in-law
- 사위 son-in-law
- 상견례를 하다 to have the two families of the soon-to-be married couple meet for the first time
- 시아버지 father-in-law (husband's father)
- 시어머니 mother-in-law (husband's mother)
- 시부모 parents-in-law (husband's parents)
- 시댁 husband's family or house
- 시집가다 (woman) to get married
- 신혼여행을 가다 to go on a honeymoon
- 예단 wedding gifts given to family members of the couple
- 예물 wedding gifts given by the bride and groom to each other
- 예복을 맞추다 to order formal dress
- 예식장을 잡다 to book a wedding venue (wedding hall)
- 장가가다 (man) to get married
- 장인 father-in-law (wife's father)
- 장모 mother-in-law (wife's mother)
- 주례를 서다 to officiate at a wedding
- 처갓집 wife's family or house
- 청첩장을 돌리다 to send (mail) wedding invitations
- 친정 wife's family or house
- 혼수를 장만하다 to prepare furnishings for the marital home and wedding gifts

PART1 준비합시다 01 • -기는커녕

p.164

Grammar Focus

-기는커녕 is used to stress that while the content of the preceding clause is surely difficult or impossible, even the content of the following clause, though easier, is also difficult to achieve. It is attached to a present tense adjective or verb, and when attached to a noun, it takes the form of N은/는커녕.

Basic form	-기는커녕	Noun	-은/는커녕
깔끔하다	깔끔하기는커녕	전화	전화는커녕
멋있다	멋있기는커녕	선물	선물은커녕
벌다	벌기는커녕	약	약은커녕

ex A: 새로 생긴 식당 음식이 맛있다고 하던데 한번 가 볼까요?
B: 어제 가 봤는데 맛있기는커녕 간이 하나도 안 맞아서 못 먹겠던데요.

ex A: 깨우 씨, 새로 인테리어 공사한 사무실은 어때요? 전보다 많이 깔끔해졌겠네요.
B: 아니에요. 깔끔하기는커녕 전보다 어수선해진 것 같아요.

ex A: 일주일 동안 계속 야근하면서 피곤했을 텐데 주말에 푹 쉬었어요?
B: 주말 내내 잠을 잤는데 피로가 풀리기는커녕 오히려 몸이 더 무거워요.

ex A: 행사 기부금이 많이 모였지요? 그동안 홍보를 많이 했잖아요.
B: 기부금을 모으기는커녕 홍보비로 원래 가지고 있던 돈까지 써 버렸어요.

ex A: 남편이랑 왜 또 싸웠어요?
B: 어제 결혼기념일이었는데 일찍 오기는커녕 전화도 한 통 없이 늦게 들어왔어요. 어떻게 그럴 수 가 있어요?

ex A: 사라 씨, 민수 씨 때문에 화가 많이 났다더니 민수 씨에게 사과를 받았어요?
B: 아니요. 사과를 받기는커녕 자기가 뭘 잘못했냐고 오히려 화를 내던데요.

ex A: 동생이랑 같이 사니까 동생이 집안일을 많이 도와주겠어요.
B: 집안일을 돕기는커녕 항상 집을 어질러 놓아서 힘들어 죽겠어요.

ex A: 유키 씨, 옷이 정말 잘 어울려요. 오늘 데이트했을 때 남자 친구가 예쁘다고 칭찬 많이 했겠어요?
B: 아니요. 예쁘다고 칭찬하기는커녕 너무 노출이 심한 옷을 입었다고 타박하던데요.

ex A: 사라 씨, 다이어트를 한다더니 살은 좀 빠졌어요?
B: 아니요. 몸무게가 줄기는커녕 오히려 살이 더 쪘어요.

ex A: 오후 2시니까 점심 식사는 했죠? 간단하게 차나 마시며 회의할까요?
B: 아니요. 점심은커녕 빵 한 조각도 못 먹었어요. 일단 뭐 좀 먹고 하는 게 좋겠어요.

ex A: 히로, 너는 공부를 잘하니까 이번에도 장학금을 받을 거야.
B: 아니야. 이번 시험은 실수를 많이 해서 장학금은커녕 5급 진급도 좀 힘들 것 같아.

Focus Plus

- –기는커녕 is generally used in a negative context and cannot be used for a positive situation.

  ex A: 결혼한 지 꽤 되셨으니까 요리를 잘하시겠네요?
  B: 아니요. 요리를 잘하기는커녕 아직 라면도 제대로 못 끓여요. (○)
  네. 요리를 잘하기는커녕 집안일도 잘해요. (×)

  ex A: 시험 준비는 다 끝냈어?
  B: 아니. 시험 준비를 다 끝내기는커녕 숙제도 다 못 했어. (○)
  당연하지. 시험 준비를 다 끝내기는커녕 예습도 다 끝냈어. (×)

- –기는커녕 and N은/는 말할 것도 없고 are similar in meaning and can be used alternately. While N은/는 말할 것도 없고 can be used in both positive and negative situations, –기는커녕 can be used only in negative situations.

  ex A: 연말에 특별한 계획 있어요? 그동안 열심히 일했는데 여행이라도 좀 가지그래요.
  B: 여행은커녕 바빠서 휴일에 쉬지도 못할 것 같아요.
  (= 여행은 말할 것도 없고)

  ex A: 마틴 씨의 여자 친구는 어때요?
  B: 예쁜 것은 말할 것도 없고 성격까지 좋아요. (○)
  예쁘기는커녕 성격까지 좋아요. (×)

  ex A: 깨우 씨는 한국어를 정말 잘한다면서요?
  B: 네. 한국어는 말할 것도 없고 영어까지 잘한대요. (○)
  네. 한국어는커녕 영어까지 잘한대요. (×)

Answers

① A: 5년 동안 회사에 다녔으니까 저축을 많이 했겠어요.
B: 아니요. 저축을 많이 하기는커녕 월급이 적어서 먹고 살기도 빠듯해요.

② A: 이사를 도와주러 온 사람이 많아서 이사가 빨리 끝났겠어요.
B: 아니요. 빨리 끝나기는커녕 사람이 많아서 정신이 없었어요.

③ A: 용돈을 모아서 부모님 선물을 사 드렸으니까 부모님이 좋아하셨겠어요.
B: 아니요. 좋아하시기는커녕 쓸데없이 돈 썼다고 혼내셨어요.

④ A: 지하철에서 학생의 가방을 들어 주었으니까 그 학생이 고마워했겠어요.
B: 아니요. 고마워하기는커녕 훔쳐간다고 생각했는지 의심하는 눈으로 쳐다봤어요.

Grammar Focus

-다고 해서 is used to say that the action or situation mentioned in the preceding clause does not necessarily bring the result in the following clause. The following clause generally contains negative expressions such as -(으)ㄴ/는 것은 아니다 or a rhetorical question. It is mostly used when refuting another person's words or stating an opposing opinion. It is attached to an adjective or a verb and is expressed as -았/었다고 해서 in the past tense and -ㄴ/는다고 해서 in the present tense. When attached to a noun, it takes the form of N(이)라고 해서.

Basic form	-ㄴ/는다고 해서	-았/었다고 해서
비싸다	비싸다고 해서	비쌌다고 해서
좋다	좋다고 해서	좋았다고 해서
쓰다	쓴다고 해서	썼다고 해서
읽다	읽는다고 해서	읽었다고 해서
선생님이다	선생님이라고 해서	선생님이었다고 해서

ex A: 수진 씨는 목소리가 예쁘니까 노래도 잘할 것 같아요.
B: 목소리가 예쁘다고 해서 노래를 잘하는 건 아니에요. 지난번에 수진 씨와 노래방에 같이 갔었는데 노래를 잘 못 부르더라고요.

ex A: 깨우 씨, 대기업에 다니니까 좋겠어요.
B: 글쎄요. 좋은 직장에 다닌다고 해서 꼭 좋은 건 아니에요. 야근도 많고 휴일에도 회사에 나가야 할 때가 많아서 힘들어요.

Focus Plus

- -다고 해서 can also be used to say that one takes the action according to the words of another person. Hence, it is naturally used with indirect speech expressions such as -(으)라고 해서, -자고 해서, or -냐고 해서.

ex A: 생각보다 퇴근이 늦네요.
B: 네. 부장님이 오늘까지 프로젝트 준비를 끝내 놓고 퇴근하라고 하셔서 일을 마무리하느라고요.

Answers

① A: 경기가 좋지 않으니까 기부가 줄 것 같아요.
B: 경기가 좋지 않다고 해서 꼭 기부가 주는 것은 아니에요. 어려운 이웃을 생각하는 마음은 경기를 타지 않잖아요.

③ A: 마틴 씨는 공부를 잘하니까 좋은 회사에 취직할 것 같아요.
B: 공부를 잘한다고 해서 꼭 좋은 회사에 취직하는 것은 아니에요. 요즘 기업들은 공부보다 다양한 경험을 더 중요시하잖아요.

② A: 가방 가격이 비싸니까 품질이 좋을 것 같아요.
B: 가방 가격이 비싸다고 해서 꼭 품질이 좋은 것은 아니에요. 품질과 상관없이 이름값인 경우가 많잖아요.

④ A: 올가 씨 직업이 요리사니까 집에서 매일 요리할 것 같아요.
B: 직업이 요리사라고 해서 꼭 집에서 매일 요리하는 것은 아니에요. 집에서는 쉬고 싶잖아요.

Grammar Focus

–다가는 is used to indicate that continuation of the situation or action in the preceding clause will bring a negative result. Hence, the following clause generally contains speculative expressions such as –(으)ㄹ 거예요 or –(으)ㄹ 것 같다. It is also often used in the preceding clause with an adverb such as 그렇게 or 이렇게. When used with an adjective it takes the form of –다가는. When used with a verb it takes the form of –다가는 to indicate a continually repeated present situation, or –았/었다가는 to indicate the recurrence of a situation or ation that had already taken place.

Basic form	–다가는	–았/었다가는
크다	크다가는	–
춥다	춥다가는	–
오다	오다가는	왔다가는
읽다	읽다가는	읽었다가는
만들다	만들다가는	만들었다가는
묻다	묻다가는	물었다가는

ex A: 추운 날씨가 계속돼서 벚꽃 피는 시기가 늦어질 것 같대요.
B: 그래요? 계속 이렇게 날씨가 춥다가는 벚꽃 축제 때 벚꽃을 볼 수 없을지도 모르겠네요.

ex A: 저 식당은 서비스가 불친절하다면서요?
B: 네. 음식이 맛있기는 하지만 그렇게 불친절하다가는 손님들이 그 식당을 다시 찾지 않을 거예요.

ex A: 조금만 쉬었다가 하면 안 돼요?
B: 조금만 더 하고 쉽시다. 또 쉬다가는 제시간에 끝낼 수 없을지도 몰라요.

ex A: 아직도 유학을 갈지 취업을 할지 결정을 못 하겠어.
B: 그럼 일단 선배들에게라도 좀 물어봐. 이렇게 집에 앉아서 생각만 하고 있다가는 어떤 결정도 하기 힘들 것 같아.

ex A: 엄마, 잠깐 친구 집에서 놀다가 올게요.
B: 다음 주가 시험이라고 하지 않았어? 계속 그렇게 놀다가는 시험에서 좋은 점수 받기 힘들 텐데.

ex A: 노래 동아리 회장은 계속할 생각이에요?
B: 아니요. 이번 학기까지만 하려고요. 동아리 회장 자리를 계속 맡았다가는 대학 입학시험 준비를 못 할 것 같아서요.

ex A: 컴퓨터에서 자꾸 모르는 프로그램을 설치하라고 해요.
B: 일단 설치하지 말고 나중에 잘 아는 사람에게 물어보세요. 잘못 설치했다가는 바이러스에 걸릴 수도 있어요.

Focus Plus

- –다가는 can be shortened to –다간.

  ex A: 수진아, 이렇게 가까이에서 계속 텔레비전을 보다간 눈이 나빠질거야.
  B: 알겠어요, 엄마. 뒤로 가서 볼게요.

  ex A: 마틴 씨, 또 컵라면을 먹어요? 그렇게 인스턴트 음식만 먹다간 건강이 안 좋아질 거예요.
  B: 저도 알아요. 그렇지만 너무 바빠서 어쩔 수가 없네요.

  ex A: 오늘은 좀 피곤하니까 내일부터 발표 준비를 하면 안 될까요?
  B: 이렇게 해야 할 일을 미루다간 제시간에 발표 준비를 끝내기 힘들거예요.

- –다가는 can be used with 한 번만 더, 두 번 etc. to create fixed expressions such as 한 번만 더 –다가는 혼나다 or 두 번 –았/었다가는 큰일 나다.

  ex A: 엄마, 죄송해요. 친구들과 놀다 보니까 시간이 이렇게 된 줄 몰랐어요.
  B: 그럼 연락이라도 했어야지. 한 번만 더 이렇게 연락 없이 늦었다가는 혼날 줄 알아.

  ex A: 또 도서관에서 밤을 새우고 온 거야? 기말시험 두 번 봤다가는 아주 큰일 나겠다. 공부도 적당히 해야지.
  B: 응. 그러게 미리미리 할 걸 좀 후회가 되네.

  ex A: 어제 아이 돌잔치는 잘 끝냈어요? 이것저것 준비할 게 많았을 텐데 정말 수고했네요.
  B: 말도 마세요. 돌잔치 끝나고 몸살이 났어요. 돌잔치 두 번 했다가는 큰일 나겠어요.

Answers

① A: 왜 그렇게 계획 없이 살아요?
B: 하고 싶은 게 없어서요.
A: 그렇게 계획 없이 살다가는 나중에 후회할 거예요.

② A: 왜 그렇게 군것질을 계속 해요?
B: 식욕이 당겨서요.
A: 그렇게 군것질을 계속 하다가는 금세 살이 찔 거예요.

③ A: 왜 그렇게 휴학을 여러 번 해요?
B: 전공이 적성에 안 맞아서요.
A: 그렇게 휴학을 여러 번 하다가는 졸업장을 못 받을 거예요.

④ A: 왜 그렇게 쉬지도 못하고 일만 해요?
B: 서류 제출일이 내일이라서요.
A: 그렇게 쉬지도 못하고 일만 하다가는 몸이 망가질 거예요.

Vocabulary & Expression

하루아침에

하루아침에 means ***overnight***. This expression is used to indicate something happening in such a short period of time that it seems very sudden.

ex 김윤아 선수의 뛰어난 스케이트 실력은 하루아침에 만들어진 것이 아니다. 10년 동안 하루도 빠짐 없이 훈련을 계속한 결과이다.

ex 무명 가수였던 김민수 씨는 이번 앨범으로 하루아침에 유명한 스타가 되었다.

발이 넓다

발이 넓다 means ***to know many people***. This expression is used to describe a person who is very sociable and has a wide network of acquaintances.

ex 그 사람은 발이 넓어서 사회 각 방면의 사람들과 친분이 있다.

ex 내 동생은 모든 학과에 아는 친구가 한두 명은 있을 정도로 발이 넓다.

ex 그 사람은 그쪽 방면으로 발이 넓은 사람이니까 네가 도움을 받을 수 있을 거야.

Functional Expression

- **Saying that there is no need to worry about a certain matter**

When saying that there is no need to worry about something, expressions such as −아/어도 괜찮다, −아/어도 상관없다, or −다고 해서 신경 쓸 필요는 없다 can be used.

ex A: 다른 사람들 앞에서 한국어로 발표한 적이 없는데 제가 말하기 대회에서 잘할 수 있을까요?
B: 그런 경험이 없어도 괜찮아요. 말하기 대회에서는 무엇보다 자신감이 중요하니까 자신 있게 말하는 연습을 해 보세요. /
그런 경험이 없어도 상관없어요. 자신감 있게 한 번 도전해 보세요. /
발표한 경험이 없다고 해서 신경 쓸 필요는 없어요. 자신감을 가지고 한 번 참가해 보세요.

- **Saying that there is little possibility in realistic terms**

When expressing the idea that something has little possibility of being realized in reality expressions such as 실제로는 좀 힘들다, 현실성이 좀 떨어진다, or 현실적으로 불가능하다 can be used.

ex A: 우리 이번 연말에 혼자 사시는 할머니 할아버지를 직접 찾아가 돕는 게 어때요?
B: 글쎄요. 그건 실제로는 좀 힘들지 않아요? /
글쎄요. 의견은 좋지만 그건 현실성이 좀 떨어지는 것 같아요. /
글쎄요. 좋은 일이지만 그건 현실적으로 좀 불가능할 것 같은데요.

Vocabulary & Expression

이 상에 걸맞게

이 상에 걸맞게 means *befitting this award*. This means to do nothing that is contrary to the honor symbolized by the award. N에 걸맞다 means the same as N에 어울리다 or N에 잘 맞다.

ex A: 올해의 용감한 시민상을 받으셨는데요. 앞으로의 계획이 있으십니까?
B: 용감한 시민상에 걸맞게 항상 이웃을 돕는 데 힘쓰겠습니다.

ex 지난주 부산에서 열린 영화제는 세계 영화인들의 축제라는 말에 걸맞을 만큼 세계 각국의 유명 영화배우들이 참석해서 자리를 빛냈다.

위험을 무릅쓰고

위험을 무릅쓰고 means *risking the danger*. 무릅쓰다 means to endure something tough and difficult and is generally used in the form of N을/를 무릅쓰고. Aside from 위험을 무릅쓰고, it is commonly used in expressions such as 어려움을 무릅쓰고, 죽음을 무릅쓰고, or 반대를 무릅쓰고 and means enduring whatever difficulty or hardship that lies ahead.

ex A: 어제 뉴스에서 봤는데 지하철역에서 한 고등학생이 선로에 떨어진 아이를 구했대요.
B: 위험을 무릅쓰고 어린 아이를 구한 사람이 고등학생이었다고요? 정말 대단하네요.

ex A: 오늘 본 다큐멘터리에서 가장 인상 깊었던 장면은 뭔가요?
B: 저는 죽음을 무릅쓰고 자기 새끼를 지키려는 사슴의 행동을 보고 큰 감동을 받았습니다.

ex A: 수진 씨와 마틴 씨는 결혼한 후에 행복하게 잘살고 있대요.
B: 그래요? 부모님의 반대를 무릅쓰고 결혼한 건데 이제 부모님도 마음을 푸셨겠네요.

Functional Expression

- **Humbly responding to praise**

When one receives praise for one's actions or behavior, expressions such as 할 일을 했을 뿐입니다, N(으)로서 마땅히 해야 할 일이었습니다, 누구나 저같이 했을 거예요, or 그 상황에서는 누구라도 그랬을 겁니다 can be used to stress that anyone could or would do the same and show a modest response.

ex A: 김민호 씨, 그렇게 위험한 화재 현장에서 자신의 안전을 생각하지 않고 사람들을 구하다니 정말 대단합니다. 다른 사람이라면 쉽게 그렇게 하지 못했을 겁니다.
B: 대단하기는요. 저는 그저 제가 할 일을 했을 뿐입니다. /
제가 한 일은 이웃으로서 마땅히 해야 할 일이었습니다. /
그런 상황에서는 누구나 저같이 했을 겁니다.

Script

Host	Hello everyone. In the studio today we have Lee Seojin, who has received the Brave Citizen's Award for saving precious lives in a fire. Please give him a round of applause. Hello, Mr. Lee. First of all, congratulations on receiving the Brave Citizen's Award.
Lee Seojin	Thank you.
Host	What are your feelings on winning the award?
Lee Seojin	Well, rather than being happy I feel a little bit embarrassed at getting this award when I didn't really do anything special. Anyone would have done the same in that situation.
Host	Oh, that's very modest of you. But could you tell us what happened that day?
Lee Seojin	Yes. I was in the office working when a fire broke out in the building opposite. But I could see two employees on the second floor who had not managed to escape. They were crying out for help. I thought if they waited any longer for the fire engine, they wouldn't be able to survive. So I grabbed a ladder that was nearby and went in through the second floor windows of the burning building to save them.
Host	Your courage is amazing. I admire you for risking your own safety at that moment to help others. Has anything changed after receiving the award?
Lee Seojin	Yes. I've been getting a lot of praise from the people around me after receiving the award. So, to live up to the award I have resolved to always be a brave citizen ready to help others in trouble.
Host	Mr. Lee, thank you for talking with us today. These days, a lot of people tend to ignore people who are in a dangerous situation and just pass by. In this light, Lee Seojin's courageous behavior, risking his own life to help others, is an example for all of us.

Answers

(1) ③ **A fire broke out in the building opposite to the one in which the man was working. Thinking that the people stuck in the building would not survive if they kept waiting for the fire engine he went to save them before the fire engine arrived.**

(2) ① 네 ② 아니요 ③ 네
The man said that after receiving the Brave Citizen's Award he had been praised by a lot of people and said that, to live up to the award, he had resolved to always be a brave citizen ready to help others in trouble.

(3) See the textbook p.207

Vocabulary & Expression

현주소를 반영하다

현주소를 반영하다 literally means ***to reflect the current address***. This expression means to reflect the current situation, circumstances, or state of affairs. It is often used in sentences such as N은/는 N의 현주소를 반영하다 or N은/는 N의 현주소를 보여 준다.

ex 중고등학생을 대상으로 한 설문 조사 결과, 일 년에 교과서 외에 읽는 책이 5권도 안 된다는 결과는 책을 읽지 않는 우리나라 청소년들의 현주소를 반영하는 것이다.

ex 지난주 방송된 〈자연과 사람〉이라는 다큐멘터리는 무너져 가는 환경의 현주소를 잘 보여 줬다는 평가를 받고 있다

축구 좋아하는 영수네, 딸부자 수미네

축구 좋아하는 영수네, 딸부자 수미네 means ***the family of Yeongsu, who likes soccer; the family of Sumi, which has many daughters***. N네 is attached to a noun indicating a person and refers to the group to which that person belongs. It is generally used with a person's name or title and refers to that person's family.

ex 정들었던 옆집 수진네가 이사를 간다고 해서 서운하다.

ex 이번 추석에는 작은 아버지네, 고모네 모두 오지 않는다고 하셔서 왠지 집안이 쓸쓸할 것 같다.

Reading Guide

An opinion column is an individual's opinion on various issues or incidents in society published in a newspaper or magazine. Read it to find out the writer's viewpoint on the incident and the reasons for his/her opinion. (☞『이화 한국어 4』, p.174)

Answers

(1) See the textbook p.207
It is explained in the fourth paragraph.

(2) ③ In the past, our neighbors were much closer than far relatives.

(3) ① 아니요 ② 아니요 ③ 네
Recently, an old woman who lived alone was discovered dead after the neighbors reported a smell coming from her home. The writer argues that the change in the relationship between neighbors should not simply be accepted as the result of changing times.

(4) See the textbook p.207

색안경을 끼고 보다 / 발 벗고 나서다 / 귀를 기울이다

p.177

Idiomatic Expressions

색안경을 끼고 보다

This expression means to evaluate something negatively based on personal opinion or preconceptions.

ex A: 소년 소녀 가장들로 이루어진 오케스트라를 만들기로 결심하신 특별한 이유가 있으신가요?
B: 부모님 없이 컸다고 색안경을 끼고 보는 시선 때문에 상처를 받은 아이들을 음악으로 위로해 주고 싶었습니다.

ex A: 한국에 사는 외국인이 많아지면서 외국인들을 대하는 우리의 자세도 달라져야 할 것 같은데요.
B: 네. 무엇보다 우리와 다른 나라 사람이라고 색안경을 끼고 보는 태도를 버리는 게 필요합니다.

발 벗고 나서다

This expression means to actively undertake a particular task and is often used in the form of –에 발 벗고 나서다 or 발 벗고 나서서 –하다.

ex A: 민호 씨를 좋아하는 친구가 많은 것 같아요.
B: 네. 민호 씨는 힘든 친구의 일에 발 벗고 나서서 도와주는 착한 사람이에요. 그래서 사람들이 민호 씨를 좋아하는 것 같아요.

ex A: 요코 씨, 제이슨 씨가 지난번에 만난 요코 씨 친구를 마음에 들어하는 것 같은 눈치예요. 그 친구는 남자 친구가 있어요?
B: 아니요. 두 사람이 어울릴 것 같아요 제가 한번 발 벗고 나서서 두 사람이 만날 수 있도록 해 볼게요.

귀를 기울이다

This expression means to listen attentively to another person's words or opinions.

ex A: 율리아 씨, 남자 친구의 어떤 점이 제일 좋아요?
B: 항상 제 말에 귀를 기울이고 잘 들어줘요.

ex A: 이번에 국회 의원으로 당선되신 것, 진심으로 축하드립니다. 앞으로의 각오 한 말씀 부탁드립니다.
B: 지지해 주신 국민들의 성원에 감사드립니다. 여러분의 작은 목소리에 귀를 기울이는 일꾼이 되겠습니다.

Vocabulary Check

Part 1 준비합시다 01

- 망치다 to ruin
- 쓸데없이 uselessly

Part 1 준비합시다 02

- 반론 counterargument

Part 1 준비합시다 03

- 동사하다 to freeze to death
- 군것질 eating snack food
- 금세 immediately

Part 1 말해 봅시다

- 수재민 flood victim
- 수해 flood damage
- 결식아동 starving child
- 소년 소녀 가장 child family head
- 모금 fund-raising
- 바자회 bazaar
- 자선 charity
- 구호품 relief goods
- 고사하고 let alone
- 홍수 flood
- 마음이 굴뚝같다 to strongly feel the urge to do something
- 수익금 proceeds
- 기증 donation
- 짜다 to draw up, to plan

Part 2 토의해 봅시다

- 불량 청소년 delinquent youth
- 은둔형 외톨이 recluses from society
- 비혼모 single mother by choice
- 희망차다 to be full of hope
- 절실하다 to be desperate

Part 2 들어 봅시다

- 수상하다 to be suspicious
- 화재 현장 scene of a fire

Part 3 읽어 봅시다

- 거액 large sum
- 소속사 agency
- 자금난 shortage of funds
- 흔쾌히 willingly, happily
- 경비원 security guard
- 악취 foul smell
- 왕래 coming and going
- 현주소 current state of affairs
- 팔을 걷어붙이다 to roll up one's sleeves (and get to work)
- 훈훈하다 to be heartwarming
- 산업화 industrialization
- 분업화 specialization (of industry)
- 무관하다 to have no relation to
- 친분 friendship, acquaintance
- 익명 anonymity

Part 3 관용 표현

- 나서다 to start/do something
- 주관 subjectivity
- 선정되다 to be selected

Topic Vocabulary

Helping the Neighbors

- 기부하다 to donate
- 기부천사 donor
- 무료 급식 free meal service
- 물건을 기증하다 to donate goods
- 바자회를 열다 to hold a bazaar
- 벼룩시장 flea market
- 봉사하다 to do volunteer work
- 불우 이웃을 돕다 to help needy neighbors
- 성금을 마련하다 to raise funds
- 성금을 모으다 to collect funds/donations
- 성금을 전달하다 to hand over funds/donations
- 후원하다 to support

 p.182

Grammar Focus

–길래 is used to show a cause, reason, or grounds for the action in the following clause, in which case the reason or grounds should result not from the speaker but from another person or external circumstances. It is attached to an adjective or a verb, and when it is attached to a noun, it is used in the form of N(이)길래.

Basic form	–길래	–았/었길래
크다	크길래	컸길래
많다	많길래	많았길래
오다	오길래	왔길래
먹다	먹길래	먹었길래
살다	살길래	살았길래
친구이다	친구길래	–
학생이다	학생이길래	–

ex A: 지난 주말에 뭐 했어요?
B: 날씨가 좋길래 가족들과 소풍을 갔어요.

ex A: 사라 씨, 옷이 정말 예쁘네요.
B: 어제 백화점에 갔는데 세일을 하길래 하나 샀어요.

ex A: 서류를 내러 학교까지 직접 갔어요?
B: 네. 전화를 계속했는데 안 받길래 직접 가서 제출했어요.

ex A: 이게 웬 케이크예요?
B: 오는 길에 빵집에 들렀는데 싸게 팔길래 하나 샀어요.

ex A: 아이가 시험을 잘 봤어요?
B: 네. 지난번보다 성적이 많이 올랐길래 칭찬해 줬어요.

ex A: 학교까지 잘 찾아왔네요. 처음이라 찾기 힘들지 않았어요?
B: 아니요. 오다가 길을 몰라서 어떤 사람에게 물어봤는데 그 사람이 이 학교 학생이길래 학교까지 따라왔어요.

Focus Plus

- In using –길래, the subject of the preceding clause and the following clause should be different. Also, the subject of the preceding clause cannot be the first person.

  ex 동생이 아프길래 (내가) 약을 사 줬어요. (○)
  동생이 아프길래 동생이 약을 사 줬어요. (×)
  (However, the sentence is possible if the younger brother in front is a different to the younger brother following.)
  내가 아프길래 동생이 약을 사 줬어요. (×)

- –길래 cannot be used in an imperative or a propositive sentence.

ex 친구가 감기에 걸렸길래 약을 사 줬어요. (○)
친구가 감기에 걸렸길래 약을 사 주세요. (×)

ex 날씨가 좋길래 친구와 같이 공원에 갔어요. (○)
날씨가 좋길래 같이 공원에 갑시다. (×)

- –길래 is used naturally in indirect speech.

ex A: 마틴 씨, 어제 놀이공원에 갔다 왔다면서요?
B: 네. 여자 친구가 갑자기 가자고 하길래 다녀왔어요.

ex A: 히로 씨, 어디 아파요?
B: 네. 어제 친구가 이사를 간다고 좀 도와 달라길래 이삿짐 옮기는 것을 도와줬더니 여기저기 쑤시고 아프네요.

- When –길래 is used with 얼마나, 무엇, 언제, 왜 in the preceding clause, it can be attached to a past tense adjective.

ex A: 유키 씨, 어디가 그렇게 아팠길래 일주일이나 병원에 입원했어요?
B: 배가 너무 아파서 응급실에 갔더니 맹장 수술을 해야 한다고 해서 일주일 동안이나 입원하게 됐어요.

ex A: 항상 밝던 수진 씨가 아이를 낳은 후에 우울증 때문에 그동안 힘들었대요.
B: 얼마나 힘들었길래 우울증까지 걸렸대요? 그동안 수진 씨에게 너무 무심했네요. 앞으로 자주 연락해야겠어요.

Answers

① A: 왜 우산을 가지고 왔어요? 오늘 날씨 좋잖아요.
B: 일기 예보에서 오후에 비가 온다고 하길래 우산을 가지고 왔어요.

② A: 왜 영화표를 예매했어요? 영화를 별로 좋아하지 않잖아요.
B: 친구가 재미있다고 꼭 보라고 하길래 영화표를 예매했어요.

③ A: 왜 어제 산 옷을 환불하려고 해요? 마음에 든다고 했잖아요.
B: 집에 가서 보니까 옷에 얼룩이 져 있길래 환불하려고요.

④ A: 오늘은 왜 렌즈를 끼고 학교에 왔어요? 보통 안경을 쓰고 다니잖아요.
B: 사람들이 안경을 안 쓴 게 더 예쁘다고 하길래 렌즈를 끼고 왔어요.

Grammar Focus

-(으)ㄴ/는데도 is a combined form of -(으)ㄴ/는데, which means contrast, and 도, which means emphasis, and indicates that the result of the following clause occurs, regardless of the expectations implied in the preceding clause. It is attached to an adjective or a verb. When attached to a noun, it takes the form of N인데도.

Basic form	-(으)ㄴ/는데도	-았/었는데도
크다	큰데도	컸는데도
많다	많은데도	많았는데도
오다	오는데도	왔는데도
먹다	먹는데도	먹었는데도
학생이다	학생인데도	학생이었는데도

ex A: 마틴 씨는 운동을 정말 열심히 하는 것 같아요.
B: 맞아요. 회사 일이 바쁜데도 매일 운동하더라고요.

ex A: 어제 잠을 못 잤어요? 왜 이렇게 피곤해 해요?
B: 글쎄요. 어제 많이 잤는데도 피곤하네요.

Focus Plus

- N인데도 can be used in the form of N에도 too without any significant difference in meaning.

  ex A: 요즘 경제가 안 좋아서 쇼핑하는 사람들이 줄었대요.
  B: 그러게요. 주말인데도 백화점이 한가하더라고요. (= 주말에도)

- Both -았/었는데도 and -고도 (See 「이화 한국어 4」 Chapter 6, p.112), which are attached to a verb, are used to indicate that the content of the following clause runs counter to a fact or event in the preceding clause. -(으)ㄴ/는데도 is attached to an adjective or a verb, which can also be in the past or future tense. However, -고도 is only attached to a verb and only in the present tense.

  ex 유키는 자기가 잘못했는데도 사과하지 않는다. (= 잘못하고도)

  ex 옷을 빨았는데도 깨끗하지 않다. (○) 옷을 빨았고도 깨끗하지 않다. (×)

Answers

① A: 마틴 씨는 정말 검소한 것 같아요.
B: 맞아요. 부자인데도 10년 된 양복을 아직도 입고 다니잖아요.

② A: 사라 씨는 낭비가 심한 것 같아요.
B: 맞아요. 수입이 많은데도 항상 적자잖아요.

③ A: 히로 씨는 의지가 강한 것 같아요.
B: 맞아요. 지난달 시합에서 부상을 당했는데도 포기하지 않고 끝까지 최선을 다했잖아요.

④ A: 깨우 씨는 마음이 따뜻한 것 같아요.
B: 맞아요. 살림이 넉넉하지 않은데도 매달 기부를 하잖아요.

Grammar Focus

조차 indicates "even the most fundamental thing," including extreme situations that the speaker does not expect or cannot even imagine. The following clause is generally negative, using –지 않다 or 못하다. It is usually attached to a noun and when a verb comes in front of it, the verb should be changed into the nominal form using –기 or –는 것 to create the expressions –기조차 or –는 것조차.

Noun	조차	Noun	조차
숙제	숙제조차	생각	생각조차
친구	친구조차	밥	밥조차

ex A: 유키 씨가 요즘 공부를 열심히 한다고 하던데 진짜예요?
B: 열심히 하기는요. 숙제조차 하지 않아서 선생님께 꾸중을 들을 때도 많아요.

ex A: 며칠 전에 이 근처 시장에서 가방을 파는 상인이 명품을 똑같이 베껴서 가짜 물건을 팔다가 경찰에 잡혔대요.
B: 저도 들었어요. 물건을 정말 정교하게 만들어서 전문가들조차 구별하지 못할 정도였대요.

ex A: 깨우 씨는 한국어를 열심히 배우고 있대요?
B: 아니요. 한국어로 자기 이름조차 아직 못 쓴대요.

ex A: 요즘 많이 바빠요?
B: 네. 연말이라서 그런지 일이 많아서 점심 먹을 시간조차 없어요.

ex A: 연기 대상을 타신 걸 축하드립니다. 소감 한 말씀 해 주시지요.
B: 정말 감사합니다. 워낙 연기를 잘하시는 분이 많아서 제가 대상을 탈 거라고 생각조차 못했어요.

ex A: 남편 직업이 요리사니까 집에서 맛있는 음식을 많이 해 주시겠어요.
B: 아니에요. 집에서는 라면조차 끓여 주지 않아요.

ex A: 어제 친구의 아버지 장례식에 다녀왔는데요. 아버지가 돌아가셨는데도 울지 않고 있는 친구의 모습을 보고 좀 놀랐어요.
B: 너무 슬프면 눈물조차 안 나오는 경우가 있지요. 그 얘기를 들으니까 정말 슬프네요.

ex A: 사라 씨가 오늘 학교에 안 왔네요? 무슨 일이 있대요?
B: 네. 독감에 심하게 걸려서 앉아 있기조차 힘들대요.

ex A: 서울의 대기 오염이 정말 심각한 것 같아요.
B: 네. 맞아요. 가끔은 숨 쉬기조차 힘들 정도예요.

ex A: 마틴 씨, 목감기가 심하게 걸렸나 봐요. 목이 다 쉬었네요.
B: 네. 지금 말하는 것조차 힘들어요.

Focus Plus

- By putting N은/는커녕 in front, 조차 is often used in the form of N은/는커녕 N조차 as well. Also, it is easily used with other particles or connective endings in the form of N에조차, N에서조차, N에게조차, N에게서조차, or -(으)면서조차.

  ex A: 어제 생일이었지요? 생일 선물은 많이 받았어요?
  B: 생일 선물은커녕 카드조차 못 받았어요.

  ex A: 율리아 씨가 갑자기 고향에 돌아간 이유를 가장 친한 유키 씨도 모르더라고요.
  B: 제일 친한 친구에게조차 말하지 않은 걸 보니까 무슨 급한 사정이 있었던 것 같네요.

  ex A: 요즘 학생들의 지나친 휴대 전화 사용이 사회적인 문제가 되고 있대요.
  B: 네, 저도 뉴스에서 봤어요. 학생들이 수업을 들으면서조차 휴대 전화를 사용해서 수업에 방해가 되기도 한대요.

- The expressions 조차 and 마저 indicate the inclusion of one thing and another on top of it. However, 조차 indicates "even the most fundamental thing," whereas 마저 indicates "even the last thing left."

  ex 목감기로 목이 부어서 물조차 마시기 힘들다.
  (This means it is hard for the speaker to even drink water, which is normally the simplest and most basic thing to do.)
  모든 사람이 모두 떠나고 가족마저 나를 떠났다.
  (The means that even the family, the last person(s) left the speaker.)

  ex 그날의 기억은 너무 창피해서 생각조차 하기 싫다. (○)
  그날의 기억은 너무 창피해서 생각마저 하기 싫다. (×)

  ex 지갑을 잃어버렸는데 휴대 전화조차 집에 놓고 와서 큰일이다. (×)
  지갑을 잃어버렸는데 휴대 전화마저 집에 놓고 와서 큰일이다. (○)

Answers

① A: 목이 부어서 아프다면서요?
B: 네. 그래서 물조차 마시기 힘들어요.

② A: 회사 일이 많아서 아주 바쁘다면서요?
B: 네. 너무 바빠서 잠을 잘 시간조차 없어요.

③ A: 그 사람이 거짓말을 밥 먹듯이 한다면서요?
B: 네. 그래서 가족들조차 그 사람의 말을 믿지 않는대요.

④ A: 동생이 교통사고로 기억상실증에 걸렸다면서요?
B: 네. 그래서 자신의 이름조차 모른대요.

Vocabulary & Expression

생활비의 대부분이 외식비로 다 나가다

생활비의 대부분이 외식비로 다 나가다 means ***to spend most of the living expenses on dining out***. This expression indicates that eating out accounts for the majority of total living expenses. Generally, (돈이) N(으)로 다 나가다, is used to indicate that all one's money has been spent for a certain purpose. –(으)로 (돈을) 다 써 버리다 can be used as an alternate.

ex 우리 가족이 모두 외식을 좋아해서 생활비의 대부분이 외식비로 다 나간다.

ex 나는 해외여행을 할 때는 호텔에서 묵는 걸 좋아해서 여행 경비의 대부분이 숙박비로 다 나간다.

ex 국제 전화를 많이 걸어서 전화 요금으로 용돈을 다 써 버렸다.

Functional Expression

- **Saying one's living expenses are insufficient**

When talking about insufficient living expenses, expressions such as –았/었더니 생활비가 다 떨어졌다, –아/어서 생활비가 한 푼도 안 남았다, –느라고 생활비가 바닥이 났다, –아/어서 빈털터리가 되다, or –았/었더니 주머니에 돈이 하나도 없다 can be used.

ex A: 수진 씨, 우리 오늘 외식할까요?
B: 미안해요. 못 갈 것 같아요. 지난주에 백화점에서 이것저것 좀 샀더니 생활비가 다 떨어졌어요. /
지난주에 백화점에서 이것저것 사서 생활비가 한 푼도 안 남았어요. /
지난주에 백화점에서 이것저것 사느라고 생활비가 바닥이 났어요. /
지난주에 백화점에서 이것저것 사느라 생활비까지 다 써서 이제 빈털터리가 됐어요.

- **Giving advice on how to reduce impulse buying**

When giving advice on ways to reduce impulse buying, expressions such as –(으)니까 (place)에 아예 가지 않는 게 낫겠어요, (place)에 아예 발을 끊어 보세요, or –(으)ㄴ지 꼼꼼히 따져 보세요 can be used.

ex A: 저는 요즘 충동구매 때문에 걱정이에요. 꼭 필요한 물건이 아닌데도 쇼핑하러 가면 꼭 충동구매를 하게 돼요.
B: 그래요? 눈에 보이면 사고 싶으니까 쇼핑하러 아예 가지 않는 게 낫겠어요. /
눈에 보이면 사고 싶은 게 사람의 마음이니까 백화점에 아예 발을 끊어 보세요.

ex A: 김민지 심리학 박사님을 모시고 말씀 들어 보도록 하겠습니다. 박사님, 충동구매를 하지 않으려면 어떻게 해야 합니까?
B: 충동구매를 하고 싶지 않다면 물건을 사기 전에 그 물건이 꼭 필요한지 꼼꼼히 따져 보세요.

Vocabulary & Expression

사회 전반에 퍼져 있다

사회 전반에 퍼져 있다 means ***to be spread throughout society.*** 퍼지다 means to gradually spread over a wider area, and 사회 전반에 퍼져 있다 is used when a certain phenomenon is spread throughout society as a whole.

ex 학벌이 좋지 않으면 좋은 기업과 직장에 갈 수 없다는 분위기가 사회 전반에 퍼져 있다.

ex 현대인들은 하루의 많은 시간을 컴퓨터, 휴대 전화, MP3, 디지털 카메라 등에 빠져 살고 있는데 이런 디지털 중독은 이미 사회 전반에 퍼져 있다.

ex 회사의 수익금 일부를 어려운 이웃을 위해 기부한 한 기업의 사장은 신문 기자와의 인터뷰에서 많은 사람들이 어려운 이웃을 돕는 기부 문화가 사회 전반에 퍼졌으면 좋겠다고 말했다.

가치를 두다

가치를 두다 means to ***put a high value on.*** 가치 is the value or importance of an object. N에 가치를 두다 is used when one believes a certain thing has high value or importance.

ex 사장은 자신의 성공 요인으로 결과보다는 과정에 가치를 둔 경영에 있다고 했다.

ex 인생에서는 일의 성공보다 가족, 친구처럼 우리 삶에 가치를 둘 만한 것들이 많다.

ex 돈도 중요하지만 지나치게 돈에 가치를 두고 살다 보면 돈보다 더 중요한 것들을 잃을 수 있다.

Functional Expression

- **Talking about the cause of a certain social phenomenon**

  When talking about the most likely cause of a certain social phenomenon, expressions such as N이/가 가장 큰 원인이다 or N이/가 근본적인 원인이다 can be used.

  ex 국민 건강 통계에 따르면 잘못된 식습관이 암 발생 원인의 가장 큰 원인이라고 밝혔다. /
  국민 건강 통계에 의하면 평소의 잘못된 식습관이 암의 근본적인 원인이라고 밝혔다.

- **Summing up an expert's opinion**

  When concluding an interview with an expert, the main point emphasized by the expert can be summed up using expressions such as (expert) 말씀대로 N이/가 무엇보다 중요하겠습니다 or (expert) 말씀처럼 N이/가 필요하겠습니다.

  ex 박사님 말씀대로 우울증을 겪고 있는 사람들은 스스로 적극적으로 치료에 참여하는 것이 무엇보다 중요하겠습니다. /
  박사님 말씀처럼 우울증을 겪고 있는 사람들은 스스로 적극적으로 치료에 참여하는 자세가 필요하겠습니다.

Script

Host The number of people suffering stress caused by grades or work is growing. Among them, some are said to make the drastic choice of killing themselves. Today, we have Prof. Kim Hyeonsu from the Psychology Department of Hanguk University to talk about this issue in depth. Prof. Kim, what do you think is the cause of this social phenomenon?

Expert Well, I think that it can be attributable to the overall mood of Korean society, where only those who win first place are recognized and people are evaluated based on performance. Accordingly, people feel anxious about falling behind in competition, and when they do fail in competition, they experience tremendous frustration. If this becomes severe, some may make the extreme decision of commiting suicide.

Host I see. But surely competition is unavoidable in modern society. So, what can we do to survive in such a competitive society?

Expert First, people need to have a healthy and confident self-identity. People have to objectively know their potential and limitations and value themselves as they are. Then they will not be greatly affected by evaluations based on the standards set by the society.

Host Yes, if we have a healthy self-identity, we can feel less stress even in such a competitive society. What else?

Expert Second, we need to find the value of life in various areas. There are many things around us that we can put value on, like family or friends. But many believe that winning the race and finding success is the highest goal in life. The value of life does not lie in success alone.

Host As Prof Kim said, we should try to find the value of life around us instead of single-mindedly pursuing social success. The two things you proposed as a solution are things we all need to keep in mind to live in a competitive society. Today we have discussed the attitude people should take while living in a competitive society. Prof Kim, thank you for your helpful advice.

Answers

(1) See the textbook p.207

(2) See the textbook p.207

(3) ① 네 ② 아니요 ③ 아니요

The expert said that in an intensely competitive society, you should cherish yourself for who you are, rather than trying to adjust yourself to social standards. The professor also said that in order to live a healthy life in a competitive society, it is important to objectively know your potential and limitations.

Vocabulary & Expression

혜택을 아무도 누릴 수 없게 될 것이다

혜택을 아무도 누릴 수 없게 될 것이다 means ***No one will be able to enjoy the benefits.*** This expression indicates that nobody is going to fully enjoy the various benefits or help that can be provided.

ex 자연을 보호하지 않는다면 언젠가는 자연이 주는 혜택을 아무도 누릴 수 없게 될 것이다.

ex 원래 하숙집 주인이 전기료와 수도세를 내 주었는데 학생들이 전기와 수도를 너무 많이 사용하는 바람에 이제 더 이상 그런 혜택을 아무도 누릴 수 없게 되었다.

이웃 간의 신뢰와 이해를 바탕으로

이웃 간의 신뢰와 이해를 바탕으로 means ***based on trust and understanding between neighbors.*** N을/를 바탕으로 is used to indicate a situation where one acts based on a certain thing.

ex 이웃 간의 신뢰와 이해를 바탕으로 서로를 이해하는 것이야말로 갈등을 해결하고 건강한 사회로 갈 수 있는 방법이다.

ex 교사들은 학생들에 대한 깊은 이해와 사랑을 바탕으로 인성 교육과 진학 지도를 해서 학생들이 올바른 인성을 쌓으면서 행복한 학교생활을 할 수 있도록 해야 할 것이다.

Reading Guide

A written argument presents one's opinion or point of view and persuades readers by giving reasonable grounds. Read it concentrating on what issue the writer is dealing with, and what valid reasons or grounds the writer presents regarding the issue. (☞『이화 한국어 4』, p.192)

Answers

(1) ④ In the last paragraph, the writer reveals his/her argument.

(2) See the textbook p.208

(3) ①아니요 ②아니요 ③네
If local areas compete with each other in order to attract profitable facilities, they will not be able to run public services.

(4) See the textbook p.208

 p.195

Idiomatic Expressions

눈감아 주다

This expression means pretending not to know about something. It is used when one ignores a person's mistakes or faults despite being aware of them.

ex 경찰관: 신호를 위반하셨습니다. 운전 면허증을 주세요.
운전자: 앞으로 절대 위반하지 않을 테니까 한 번만 눈감아 주세요.

ex A: 마이클 씨, 유키 씨한테 어제 아파서 집에 있겠다고 했어요? 어제 친구들과 축구 경기를 보러 갔잖아요.
B: 수진 씨, 수진 씨가 유키와 친한 건 알지만 이번 한 번만 눈감아 주세요. 나중에 제가 유키 씨에게 잘 설명할게요.

시치미를 떼다

In old times, the owner of a hawk would put a name tag called 시치미 on the tail and if the tag was torn off nobody would know whose bird it was. 시치미를 떼다 is an expression used when someone pretends not to know something or pretends not to have done something.

ex A: 여동생하고 왜 싸웠어요?
B: 글쎄 어제 제 옷을 입었으면서 안 입었다고 시치미를 떼잖아요. 말도 안 하고 제 옷을 입고 나간 게 한두 번이 아니라니까요.

ex A: 사라 씨와 마틴 씨가 사귀기로 했다는데 알고 있었어요?
B: 진짜예요? 지난번에 제가 둘이 사귀냐고 물었는데 아닌 것처럼 시치미를 떼더니…….

낯이 두껍다

낯 means face, and 낯이 두껍다 means shameless or brazen-faced. It is used to describe someone who behaved in a shameful way but does not even realize it.

ex A: 어제 버스에서 어떤 사람이 너무 시끄럽게 통화를 하길래 좀 조용히 해 달라고 했더니 오히려 화를 내는 거 있지요.
B: 정말요? 그렇게 낯이 두꺼운 사람도 있네요.

ex A: 글쎄 왕단 씨가 돈을 또 빌려 달래요.
B: 지난번에 빌려 간 돈도 아직 안 갚았으면서 또 빌려 달라고 하다니 정말 낯이 두껍네요.

Vocabulary Check

Part 1 준비합시다 01

- 얼룩이 지다 to become stained, to be smudged
- 렌즈 lens, contact lenses

Part 1 준비합시다 02

- 주식 stock, share
- 말리다 to stop/prevent a person from doing something
- 검소하다 to be frugal, to be thrifty
- 적자 deficit, loss, red figure
- 의지 will, resolve
- 부상 injury

Part 1 준비합시다 03

- 기억상실증 amnesia

Part 1 말해 봅시다

- 푼 Korean penny, a very small amount of money
- 잔고 balance, remainder
- 바닥이 나다 to be used up
- 소비 consumption
- 충동구매 impulse buying
- 굳게 firmly, strongly
- 작심삼일 a resolution good for only three days
- 당분간 for the time being, temporarily
- 아예 from the very first, altogether, never
- 내역 breakdown, itemized list, details
- 통신비 communication expenses
- 경조사비 cash gifts
- 공과금 utility bills
- 감당하다 to afford, to be capable of carrying out
- 견물생심 to see something and become greedy for it
- 가계부 household account book

Part 2 토의해 봅시다

- 뒤처지다 to be behind, to fall behind
- 민감하다 to be sensitive
- 대응하다 to deal with, to cope with, to answer to
- 확신 confidence, firm belief
- 계발 education, development
- 낙오하다 to fall behind, to drop out of
- 좌절감 frustration, disappointment
- 소외감 sense of alienation, feeling of being left out
- 집착하다 to be obsessed with
- 안정감 sense of security, sense of stability
- 간과하다 to fail to notice, to overlook
- 원동력 driving force
- 윤리 의식 ethics
- 전제 precondition, premise

Part 2 들어 봅시다

- 대담 talk, conversation
- 비관 pessimism

Part 3 읽어 봅시다

- 쓰레기 소각장 garbage incinerator
- 화장터 crematorium
- 교도소 prison, jail

- 핵 폐기장 nuclear waste site
- 하수 처리장 sewage treatment plant
- 쓰레기 매립장 garbage landfill
- 이전하다 to relocate, to move, to transfer
- 시위를 벌이다 to protest, to stage a demonstration
- 유치하다 to host, to attract
- 확산되다 to spread, to diffuse
- 원자력 발전소 nuclear plant
- 반발 backlash, repel
- 수익성 profitability
- 혐오 시설 NIMBY ("not in my backyard") facilities, unpleasant facilities
- 인접하다 to be adjacent, to be close by
- 혜택 benefit, incentive
- 공정하다 to be fair
- 상응하다 to correspond to
- 보상 compensation, reward
- 성숙하다 to be ripe, to be mature

Part 3 관용 표현

- 염치가 없다 to be lost to shame, to be shameless, to be living foul
- 야단을 치다 to scold
- 새치기를 하다 to cut in line

Topic Vocabulary

Issues in Modern Society

- 경쟁에서 낙오되다/뒤처지다 to fall behind in the competition
- 빈부 격차가 심하다 rich-poor gap is enormous
- 사회 문제를 진단하다 to diagnose the social problem
- 상대적 박탈감을 느끼다 to feel a sense of relative deprivation
- 세대 갈등이 심각하다 to have serious conflict between generations
- 소외감을 느끼다 to feel alienated, to feel left out
- 인구가 감소하다 population diminishes
- 인터넷에 중독되다 to be addicted to the Internet
- 자살률이 높다 to have a high suicide rate
- 청년 실업이 심각하다 youth unemployment is critical
- 출산을 꺼리다 to avoid having a child
- 취업난을 겪다 to have an unemployment crisis

Glossary

Ⓣ Textbook Ⓢ Study Guide

10월 9일 한글날 October 9, Hangeul Day Ⓣ 134 Ⓢ 93

12월 25일 성탄절 December 25, Christmas Ⓢ 93

3월 1일 삼일절 March 1st Independence Movement Day) Ⓢ 93

4월 8일(음력) 석가탄신일 April 8 (lunar), Buddha's Birthday Ⓢ 93

5월 15일 스승의 날 May 15, Teachers' Day Ⓣ 134 Ⓢ 93

5월 5일 어린이날 May 5, Children's Day Ⓣ 134 Ⓢ 93

5월 8일 어버이날 May 8, Parents' Day Ⓣ 134 Ⓢ 93

6월 6일 현충일 June 6, Memorial Day Ⓢ 93

8월 15일 광복절 August 15, Independence Day Ⓢ 93

가계부 household account book Ⓣ 187 Ⓢ 128

가공하다 to process, to manufacture Ⓣ 118 Ⓢ 80

가닥 strand, strip, thread Ⓣ 125

가려 먹다 to be a fussy eater Ⓣ 94 Ⓢ 68

가렵다 to be itchy Ⓢ 13

가뭄이 들다 to have a drought Ⓣ 148 Ⓢ 98, 104

가배 *Gabe* (ancient name for Chuseok) Ⓣ 138, 139, 205 Ⓢ 93

가부장적 paternalistic, patriarchal Ⓣ 156, 157 Ⓢ 105

가장 the most Ⓣ 31, 46, 64, 67, 70, 80, 83, 84, 106, 131, 138, 156–158, 174, 192, 196, 201, 202 Ⓢ 29, 36, 40, 54, 56, 71, 100, 102, 112, 122, 124

가제 just Ⓣ 107

각광을 받다 to come under the spotlight Ⓣ 102 Ⓢ 68

각박하다 to be harsh Ⓣ 143

간간이 now and then, occasionally Ⓢ 34

간과하다 to fail to notice, to overlook Ⓣ 189 Ⓢ 128

간밤 last night, the past night Ⓢ 88

갈등 conflict Ⓣ 161 Ⓢ 126, 129

갈림길 crossroads Ⓢ 40

감당하다 to afford, to be capable of carrying out Ⓣ 187 Ⓢ 128

갑작스럽다 to be sudden, to be unexpected Ⓣ 146 Ⓢ 97, 104

강강술래 *ganggangsullae* (circle dance) Ⓣ 137, 205 Ⓢ 92

강화하다 to reinforce, to strengthen Ⓣ 63 Ⓢ 16, 44

개교기념일 school foundation day Ⓢ 93

개나리 forsythia Ⓢ 76

개막식 opening ceremony Ⓢ 26

개선하다 to improve Ⓣ 48–50, 52, 201 Ⓢ 33

개울 creek, stream Ⓣ 107

개최하다 to host, to hold Ⓢ 26

개회사 opening address Ⓢ 83

객석 (audience) seat Ⓣ 100 Ⓢ 68

갯벌 mudflats, tidal flats Ⓣ 97 Ⓢ 68

거액 large sum Ⓣ 173 Ⓢ 116

거주 residence, dwelling Ⓣ 110 Ⓢ 80

거치다 to pass through, to experience Ⓣ 76 Ⓢ 50, 56

걸인 beggar Ⓣ 53

걸터앉다 to sit on, to perch on Ⓣ 125

검소하다 to be frugal, to be thrifty Ⓣ 183 Ⓢ 120, 128

게으름을 피우다 to be lazy, to idle away Ⓣ 76 Ⓢ 56

격 level Ⓣ 107

겪다 to go through, to experience Ⓣ 44, 45, 49, 50, 76, 105, 170, 173, 178 Ⓢ 56, 98, 124, 129

견물생심 to see something and become greedy for it Ⓣ 187 Ⓢ 128

결말 conclusion Ⓣ 161 Ⓢ 39

결식아동 starving child Ⓣ 168–170 Ⓢ 115, 116

결항되다 a flight is canceled Ⓣ 105 Ⓢ 68

결혼기념일 wedding anniversary Ⓢ 93, 106

결혼식을 올리다 to hold a wedding Ⓣ 159, 206 Ⓢ 103, 105

겸손하다 to be modest Ⓣ 26 Ⓢ 20
경력 증명서 career certificate Ⓢ 57
경력 직원 experienced employee Ⓢ 57
경력을 쌓다 to build a career Ⓢ 57, 83
경비원 security guard Ⓣ 173 Ⓢ 116
경유하다 to go by way of/via (a place) Ⓢ 69
경쟁률이 높다 to have a high competition rate Ⓢ 57
경쟁에서 낙오되다/뒤처지다 to fall behind in the competition Ⓣ 188, 207 Ⓢ 129
경쟁이 치열하다 to be highly competitive Ⓢ 26, 57
경쟁적 competitive Ⓣ 66 Ⓢ 44
경조사비 cash gifts Ⓣ 186, 187 Ⓢ 128
계발 education, development Ⓣ 188 Ⓢ 128
계약 직원 contract employee Ⓢ 57
고개 hill, pass Ⓣ 107
고급스럽다 to be of high quality Ⓣ 96, 97 Ⓢ 68
고려하다 to consider Ⓣ 45, 48, 66, 80, 104, 128, 201 Ⓢ 33, 82
고사하고 let alone Ⓣ 168, 169 Ⓢ 116
고소하다 to be savory, to have a nutty taste, or the taste of sesame oil Ⓣ 114, 115 Ⓢ 80
고정 관념 stereotype Ⓣ 62, 156 Ⓢ 44
고정적이다 to be steady, to be regular Ⓣ 80 Ⓢ 56
고집스럽다 to be stubborn Ⓢ 21
고집을 부리다 to be stubborn Ⓢ 22
고집이 세다 to be stubborn Ⓣ 183 Ⓢ 46
공감대 consensus, agreement Ⓣ 64, 201 Ⓢ 40, 44
공개 방송을 하다 to broadcast publicly Ⓢ 45
공과금 utility bills Ⓣ 186, 187 Ⓢ 128
공유하다 to share, to have in common Ⓣ 27, 178 Ⓢ 20
공정하다 to be fair Ⓣ 192, 208 Ⓢ 129
공휴일 public holiday Ⓢ 93
과도하다 to be excessive Ⓣ 136, 192 Ⓢ 92, 98
과반수 majority, greater number Ⓣ 156–158 Ⓢ 105
과언이 아니다 to not be an exaggeration Ⓣ 30 Ⓢ 20
과장되다 to be exaggerated Ⓣ 65–67 Ⓢ 44
과정 course, procedure Ⓣ 32, 76, 81, 85, 124, 154, 188 Ⓢ 56, 124
관습 custom, tradition Ⓣ 153 Ⓢ 104
괴이하다 to be mysterious, to be strange Ⓣ 107
괴팍하다 to be cranky, to be finicky Ⓢ 21
교도소 prison, jail Ⓣ 191 Ⓢ 128
교양 culture, refinement Ⓣ 59–61 Ⓢ 39, 44
교칙 school regulations Ⓢ 28
교통 법규 traffic rules Ⓣ 58 Ⓢ 37, 38, 44
구수하다 to be savory, to be nice smelling Ⓣ 114, 115, 120 Ⓢ 80
구애(를) 받다 to be limited Ⓣ 92 Ⓢ 59, 68
구역질이 나다 to become nauseous Ⓢ 81
구직자 job seeker, job hunter Ⓣ 74 Ⓢ 47, 56
구호품 relief goods Ⓣ 168, 169 Ⓢ 116
군것질 eating snack food Ⓣ 166 Ⓢ 110, 116
굳게 firmly, strongly Ⓣ 186, 187 Ⓢ 128
규정 regulations Ⓣ 43 Ⓢ 28, 33
극복하다 to overcome Ⓣ 30, 192, 193 Ⓢ 20, 26
금세 immediately Ⓣ 166 Ⓢ 110, 116
급증하다 to suddenly increase Ⓣ 148 Ⓢ 98, 104
기(가) 죽다 to be depressed, to feel small Ⓣ 120 Ⓢ 81
기념 선물을 돌리다 to hand out memorial gifts Ⓢ 93
기념식에 참석하다 to attend a memorial ceremony Ⓢ 93
기념행사를 하다 to hold a memorial event Ⓢ 93
기대에 차다 to be filled with anticipation Ⓣ 141, 205 Ⓢ 93
기록하다 to record, to write down Ⓣ 83 Ⓢ 57
기르다 to build up, to grow Ⓣ 78, 79 Ⓢ 35, 56
기부금 donation Ⓣ 173 Ⓢ 106
기부천사 donor Ⓢ 117
기부하다 to donate Ⓣ 173 Ⓢ 117, 124
기성세대 older generation, adults Ⓣ 154, 206 Ⓢ 104
기억상실증 amnesia Ⓣ 184 Ⓢ 122, 128
기와 roof tiles Ⓣ 125
기와집 Korean traditional tiled roof house Ⓣ 120 Ⓢ 81
기운 energy Ⓣ 115, 141, 147, 159, 205 Ⓢ 10, 14, 75, 96
기증 donation Ⓣ 169 Ⓢ 116
기진맥진하다 to be thoroughly worn out Ⓢ 81
길쌈놀이 weaving Ⓣ 137–139, 205 Ⓢ 92

188 Ⓢ 44, 128

대하다 to treat Ⓣ 82, 84, 88 Ⓢ 57, 115

대화 Daehwa Ⓣ 107

덜다 to reduce, to lessen Ⓣ 129 Ⓢ 84, 92

데뷔 debut Ⓣ 82, 202 Ⓢ 56

도난당하다 to have (something) stolen Ⓣ 38 Ⓢ 23, 33

도자기 ceramics Ⓣ 29 Ⓢ 20

돋아나다 to sprout, to grow Ⓣ 143

동경 longing, aspiration Ⓣ 30 Ⓢ 20

동기 colleague (who started work the same year) Ⓣ 57 Ⓢ 36, 44

동사하다 to freeze to death Ⓣ 166 Ⓢ 116

동앗줄(동아줄) rope Ⓣ 125

동원되다 to be mobilized Ⓣ 98 Ⓢ 68

되짚다 to retrace one's step Ⓣ 84 Ⓢ 57

되풀이하다 to repeat Ⓣ 107

둘러보다 to look around Ⓣ 120, 174, 207 Ⓢ 58, 81

뒤처지다 to be behind, to fall behind Ⓣ 188 Ⓢ 128, 129

드라마를 찍다 to shoot a TV drama Ⓢ 45

든든하다 to feel full and healthy Ⓣ 120 Ⓢ 55, 78, 81

들 field Ⓣ 125

들통이 나다 to be found out, to be detected Ⓢ 43

따분하다 to be tedious Ⓢ 39

따스하다 to be warm Ⓣ 143

따지다 to check, to reckon Ⓣ 56, 58, 110, 128, 151, 186, 187 Ⓢ 34, 38, 44, 82, 99, 123

딱딱하다 to be hard Ⓣ 60, 61 Ⓢ 39, 44

떼다 to remove Ⓣ 38 Ⓢ 33, 57, 127

뚜렷하다 to be clear, to be distinct Ⓣ 30

뚝배기 earthenware pot Ⓣ 120 Ⓢ 81

뜻을 굽히다 to withdraw one's intention, to bend one's will Ⓣ 80 Ⓢ 56

렌즈 lens, contact lenses Ⓣ 182 Ⓢ 119, 128

마땅히 rightly, naturally Ⓢ 112

마술 magic Ⓣ 100 Ⓢ 68

마음을 편히 가지다 to feel at ease, to feel at home Ⓣ 87, 203 Ⓢ 57

마음이 굴뚝같다 to strongly feel the urge to do something Ⓣ 169 Ⓢ 116

마음이 들뜨다 to be excited Ⓢ 15

마음이 조마조마하다 to be nervous Ⓢ 15

막상 actually, in reality Ⓣ 48, 78 Ⓢ 31, 33

만금 an immense sum of money Ⓣ 53

만만하다 to be easy to deal with, to be easily manageable Ⓣ 78, 79, 205 Ⓢ 56

만석 full seat, (seats) sold out Ⓢ 69

만성 피로 chronic fatigue Ⓢ 98

말랑말랑하다 to be spongy, to be squishy Ⓣ 114, 115 Ⓢ 80

말리다 to stop/prevent a person from doing something Ⓣ 183 Ⓢ 128

망치다 to ruin Ⓣ 164 Ⓢ 116

맡다 to take charge of Ⓣ 51, 130 Ⓢ 74, 92, 109

매양 always, all the time, constantly Ⓣ 143

맹장 수술 appendectomy Ⓢ 119

머리가 어지럽다 to feel dizzy Ⓢ 81

머리를 식히다 to take a rest (from hard work) Ⓣ 97 Ⓢ 61, 68

멀미가 나다 to have motion sickness Ⓢ 63

메밀꽃 buckwheat flower Ⓣ 107

며느리 daughter-in-law Ⓢ 105

면사포 bridal veil Ⓣ 152 Ⓢ 104

면접을 통과하다 to pass the interview Ⓢ 57

멸종되다 to become extinct Ⓢ 97

명상 meditation Ⓣ 102, 203 Ⓢ 68

명성 reputation, fame Ⓣ 80 Ⓢ 56

모가 나다 to be unsociable, to be difficult to get along with Ⓣ 26 Ⓢ 20

모금 fund-raising Ⓣ 168, 169 Ⓢ 116

모방 범죄 copycat crime Ⓣ 62, 63 Ⓢ 44

목록 list Ⓣ 75, 186 Ⓢ 56

목이 쉬다 the voice grows hoarse Ⓣ 147 Ⓢ 104, 121

몫 share, portion, allotment Ⓣ 156 Ⓢ 105

못마땅하다 to be dissatisfied, to find something

부석부석 to be swollen/bloated Ⓣ 161
부옇다 to be foggy, to be gray Ⓣ 125
부주의하다 to be careless Ⓢ 85
부풀다 to be buoyed up Ⓣ 53
북적이다 to be crowded and bustling Ⓣ 132, 133 Ⓢ 87, 92
분업화 specialization (of industry) Ⓣ 174, 175 Ⓢ 116
불교 Buddhism Ⓣ 102, 103, 203 Ⓢ 68
불량 청소년 delinquent youth Ⓣ 170 Ⓢ 116
불룩불룩 bulging, swollen Ⓣ 161
불우 이웃을 돕다 to help needy neighbors Ⓢ 117
불이 붙다 to catch fire, to burn Ⓣ 87, 203 Ⓢ 57
붐비다 to be crowded, to be swarming with people Ⓣ 133 Ⓢ 92
붓다 to pour, to deposit Ⓣ 76 Ⓢ 50, 56
붙임성이 좋다 to be sociable, to be affable Ⓢ 21
블로그 blog Ⓣ 48 Ⓢ 33
비관 pessimism Ⓣ 190 Ⓢ 128
비교적 relatively, in comparison Ⓣ 70, 84 Ⓢ 57
비난하다 to criticize Ⓣ 28, 200 Ⓢ 16, 20
비뚤어지다 to be crooked, to be warped Ⓣ 69 Ⓢ 45
비로소 at last Ⓣ 89
비수기 off season Ⓣ 97 Ⓢ 68
비유적 figurative, metaphoric Ⓣ 31 Ⓢ 21
비율 rate, percentage, proportion Ⓣ 156–158 Ⓢ 104
비자를 발급받다 to be issued a visa, to get a visa Ⓢ 69
비현실적 unrealistic Ⓣ 60, 61 Ⓢ 44
비혼모 single mother by choice Ⓣ 170 Ⓢ 116
빈도수 frequency Ⓣ 110 Ⓢ 80
빈부 격차가 심하다 rich-poor gap is enormous Ⓢ 129
빈털터리 to go bankrupt, to be flat broke Ⓢ 123
빚다 to brew Ⓣ 137 Ⓢ 92
뻔하다 to be obvious Ⓢ 39, 72
삐죽히 protrudently Ⓣ 125

사기 morale Ⓣ 84 Ⓢ 57
사라지다 to disappear Ⓣ 35, 87, 156, 203
사례 example Ⓣ 80, 81 Ⓢ 56
사위 son-in-law Ⓢ 105
사유 reason Ⓣ 41–43 Ⓢ 33
사이트 website Ⓣ 21, 42, 43, 47–49, 97, 201 Ⓢ 12, 20
사찰 Buddhist temple Ⓣ 101–103, 203 Ⓢ 68
사통팔달 roads stretching in all directions Ⓣ 89
사회 문제를 진단하다 to diagnose the social problem Ⓢ 129
산업화 industrialization Ⓣ 174, 175 Ⓢ 116
산행하다 to go hiking Ⓢ 97
살림 housekeeping Ⓣ 53, 183 Ⓢ 120
살평상 slat bed Ⓣ 125
삼가다 to refrain from Ⓣ 44 Ⓢ 33
삽 shovel Ⓣ 179
상견례를 하다 to have the two families of the soon-to-be married couple meet for the first time Ⓢ 105
상냥하다 to be friendly, to be sweet Ⓢ 21
상당히 considerably, fairly Ⓣ 150, 151 Ⓢ 104
상대적 박탈감을 느끼다 to feel a sense of relative deprivation Ⓢ 129
상실하다 to lose Ⓣ 84 Ⓢ 57
상업적 commercial Ⓣ 134–136 Ⓢ 92
상응하다 to correspond to Ⓣ 192, 208 Ⓢ 129
새치기를 하다 to cut in line Ⓣ 195 Ⓢ 129
새콤하다 to be sourish, to be tartish Ⓣ 114, 115, 120 Ⓢ 80
새해맞이 greeting the New Year Ⓣ 131–133 Ⓢ 87, 92
샛강 tributary Ⓣ 179
생기 vitality, liveliness Ⓢ 24
생방송을 하다 to broadcast live Ⓢ 45
생생하다 to be vivid, to be lively Ⓣ 105, 122, 204 Ⓢ 68
서류를 작성하다 to complete a document, to fill out a form Ⓢ 57
서류를 제출하다 to submit one's documents/papers Ⓢ 57
서먹하다 to feel awkward, to be ill at ease Ⓣ 44 Ⓢ 33
서성거리다 to walk back and forth with uncertainty Ⓣ 147 Ⓢ 96, 104
서예 calligraphy Ⓣ 102, 103, 203 Ⓢ 68
서운하다 to be regrettable, to be hurtful Ⓣ 43 Ⓢ 33,

시식 (food) tasting Ⓣ 100, 203 Ⓢ 68
시아버지 father-in-law (husband's father) Ⓢ 105
시어머니 mother-in-law (husband's mother) Ⓢ 105
시위를 벌이다 to protest, to stage a demonstration Ⓣ 192 Ⓢ 129
시장기 hunger Ⓣ 53
시집가다 (woman) to get married Ⓢ 105
시청각 장애인 sight and hearing disabled (person) Ⓣ 29, 30 Ⓢ 20
시청률 viewer ratings Ⓣ 66, 70 Ⓢ 45, 86
시청률이 높다 to have high viewer ratings Ⓢ 45
시침을 떼다 pretend not to know (what's going on) Ⓣ 107
시행착오 trial and error Ⓣ 76 Ⓢ 50, 56
식다 to cool Ⓣ 20 Ⓢ 11, 20
식단 menu Ⓢ 22
식상하다 to be hackneyed, to be trite Ⓣ 65, 66, 101 Ⓢ 44, 86
신약 new medicine Ⓣ 76 Ⓢ 50, 56
신축성 elasticity Ⓣ 40 Ⓢ 27, 33, 74
신혼여행을 가다 to go on a honeymoon Ⓢ 105
실력을 발휘하다 to demonstrate one's ability Ⓢ 85
실업률 unemployment rate Ⓣ 129 Ⓢ 92
실직 unemployment Ⓣ 53
실천 action Ⓣ 38, 201 Ⓢ 33
실현하다 to realize Ⓣ 82, 202 Ⓢ 56
싫증 dislike Ⓣ 107
심술궂다 to be ill-tempered Ⓢ 21
심신 body and mind Ⓣ 102, 103 Ⓢ 68
심의 review, consideration Ⓣ 63 Ⓢ 44
쌉쌀하다 to be slightly bitter, to be bitterish Ⓣ 114, 115 Ⓢ 80
쑤시다 to ache, to be sore Ⓣ 39 Ⓢ 33, 81, 119
쓰레기 매립장 garbage landfill Ⓣ 191, 192, 208 Ⓢ 129
쓰레기 소각장 garbage incinerator Ⓣ 191 Ⓢ 128
쓸데없이 uselessly Ⓣ 164 Ⓢ 107, 116
씨름 *ssireum* (Korean wrestling) Ⓣ 111, 138, 205 Ⓢ 72, 80
씨앗 seed Ⓣ 29 Ⓢ 20
아기자기하다 to be charming and cute Ⓣ 119 Ⓢ 81
아늑하다 to be cozy, to be snuggly Ⓣ 119 Ⓢ 81
아담하다 to be petite and tidy Ⓣ 119 Ⓢ 81
아삭아삭하다 to be crunchy, to be crisp Ⓣ 114, 115, 120 Ⓢ 80
아예 from the very first, altogether, never Ⓣ 186, 187, 204 Ⓢ 123, 128
아오자이 *ao dai* (traditional Vietnamese female dress) Ⓣ 111 Ⓢ 72, 80
아장아장 toddling Ⓢ 67
악취 foul smell Ⓣ 173–175 Ⓢ 116
안내 문구 guidelines Ⓣ 43 Ⓢ 33
안면도 Anmyeondo (Island) Ⓣ 96, 97 Ⓢ 63, 68
안정감 sense of security, sense of stability Ⓣ 189 Ⓢ 128
암흑 darkness Ⓣ 29 Ⓢ 20
애교 charm, cuteness Ⓣ 150, 151 Ⓢ 21, 104
애교가 많다 to be charming, to have an engaging personality Ⓣ 150 Ⓢ 21
액수 amount Ⓣ 57 Ⓢ 36, 44
야단을 치다 to scold Ⓣ 30, 195 Ⓢ 129
양가 both families Ⓣ 150–152 Ⓢ 104
양미간을 찡그리다 to wrinkle one's brow Ⓣ 33, 200 Ⓢ 21
양육 parenting, child care Ⓣ 156, 157 Ⓢ 104
어깨가 뻐근하다 to have a stiff shoulder Ⓢ 81
어느새 in no time Ⓣ 130 Ⓢ 86, 92
어버이 parents Ⓣ 134 Ⓢ 92, 93
어수선하다 to be in confusion Ⓢ 106
어지르다 to mess up Ⓢ 106
어찌하다 by chance Ⓣ 51, 201 Ⓢ 33
어차피 anyway, in any case Ⓢ 46
억울하다 to suffer unfairness Ⓣ 52, 105, 204 Ⓢ 68
언짢다 to be upset Ⓣ 69, 202 Ⓢ 45
얼굴이 창백하다 one's face is pale Ⓣ 69 Ⓢ 45
얼굴이 창백해지다 to turn pale/dead white Ⓢ 81
얼굴이 화끈거리다 one's face is red with shame/embarrassment Ⓣ 69, 202 Ⓢ 45
얼룩이 지다 to become stained, to be smudged Ⓣ 182

이삿짐 stuff to be moved Ⓣ 75 Ⓢ 56, 91, 94, 119
이상 기온 abnormal temperature Ⓢ 98
이열치열 fight fire with fire Ⓣ 115 Ⓢ 80
이의 objection Ⓣ 41–43 Ⓢ 33
이전하다 to relocate, to move, to transfer Ⓣ 192 Ⓢ 129
이지러지다 to chip, to break Ⓣ 107
이직하다 to change jobs, to leave one's job Ⓣ 74 Ⓢ 47, 56
익명 anonymity Ⓣ 174 Ⓢ 116
인구가 감소하다 population diminishes Ⓢ 129
인력 manpower, labor force Ⓣ 98 Ⓢ 68
인맥을 쌓다 to build personal connections Ⓣ 75 Ⓢ 16, 48, 56
인산인해 a big crowd Ⓣ 132, 133 Ⓢ 87, 92
인접하다 to be adjacent, to be close by Ⓣ 192, 208 Ⓢ 129
인종 race Ⓣ 62 Ⓢ 44
인터넷에 중독되다 to be addicted to the Internet Ⓢ 129
인파 crowd Ⓣ 132, 133 Ⓢ 92
인형극 puppet play Ⓣ 100, 203 Ⓢ 68
일꾼 worker Ⓢ 115
일반적이다 to be common Ⓣ 49, 103, 112, 158, 184 Ⓢ 33
일으키다 to create, to start (something) Ⓣ 63 Ⓢ 44, 52
일일이 one by one Ⓢ 76
일정하다 to be even, to be uniform Ⓣ 152, 153 Ⓢ 82
입력하다 to input, to punch in Ⓣ 48 Ⓢ 33
입맛을 돋우다 to stimulate one's appetite Ⓣ 120 Ⓢ 81
입맛을 맞추다 to suit one's taste (palate), to adapt to one's taste (palate) Ⓣ 123 Ⓢ 81
입맛이 당기다 to simulate one's appetite Ⓣ 111 Ⓢ 80
입안이 헐다 to have canker sores in one's mouth Ⓢ 81
잊히다 to be forgotten Ⓣ 130 Ⓢ 86, 92
잎새 new leaf Ⓣ 107

자격증 certification, license Ⓣ 74, 75, 78 Ⓢ 47, 48, 56, 57
자격증을 따다 to get a certificate Ⓣ 74, 75, 78 Ⓢ 47, 48, 57
자금 funds, money Ⓣ 75 Ⓢ 48, 56
자금난 shortage of funds Ⓣ 173 Ⓢ 116
자금성 the Forbidden City Ⓢ 72
자기소개서를 쓰다 to write a letter of self-introduction Ⓢ 57
자루 sack Ⓣ 179
자막 subtitle Ⓣ 65–67 Ⓢ 42, 44
자살률이 높다 to have a high suicide rate Ⓢ 129
자선 charity Ⓣ 168, 169 Ⓢ 116
자연 친화적 nature friendly Ⓣ 102 Ⓢ 68
자영업자 self-employed person Ⓣ 129 Ⓢ 92
자욱하다 to be thick Ⓣ 125
자원 resources Ⓣ 98 Ⓢ 68
작동 operation, run Ⓣ 40 Ⓢ 27, 33
작심삼일 a resolution good for only three days Ⓣ 186, 187 Ⓢ 128
잔고 balance, remainder Ⓣ 186, 187 Ⓢ 128
잡곡 mixed grains Ⓣ 117 Ⓢ 80
잡담을 하다 to gossip, to chat Ⓢ 82
장가가다 (man) to get married Ⓢ 105
장관 grand sight/scene Ⓣ 133 Ⓢ 92
장래성 potential, prospects Ⓣ 80 Ⓢ 56
장롱 wardrobe Ⓣ 161
장만하다 to purchase Ⓣ 154, 206 Ⓢ 60, 104, 105
장모 mother-in-law (wife's mother) Ⓢ 105
장인 father-in-law (wife's father) Ⓢ 105
재력 wealth Ⓣ 128 Ⓢ 92
재물 wealth, property Ⓣ 123, 204 Ⓢ 81
재발하다 to recur Ⓢ 22
재방송을 하다 to broadcast again Ⓢ 45
재배 cultivation Ⓣ 116 Ⓢ 80
재직 증명서 proof of employment Ⓢ 57
재충전 recharge Ⓣ 101–103 Ⓢ 68
재학 증명서 proof of enrollment, certificate of student registration Ⓢ 57
저물다 to grow dark Ⓣ 179
저수지 reservoir Ⓢ 88
저하 decline, drop Ⓣ 148 Ⓢ 104

쫄깃쫄깃하다 to be chewy Ⓣ 114, 115 Ⓢ 80
쭈그리다 to crouch Ⓣ 179

차근차근 carefully, methodically Ⓣ 56, 161 Ⓢ 34, 44
차려입다 to dress up Ⓣ 22 Ⓢ 14, 20
차리다 to open (a store) Ⓣ 93 Ⓢ 61, 68
차별성 distinctiveness Ⓣ 66 Ⓢ 45
차별화 distinction, differentiation Ⓣ 66, 202 Ⓢ 45
차지하다 to occupy, to take up Ⓣ 70, 156–158 Ⓢ 85, 104
착실하다 to be diligent Ⓢ 21
착용감 fit, wearability Ⓣ 40 Ⓢ 27, 33
찬 side dish Ⓣ 53
참신하다 to be fresh, to be innovative Ⓣ 66, 202 Ⓢ 45
참여하다 to participate, to take part in Ⓣ 65, 99, 100, 131–134, 157, 167–169, 184, 201, 203 Ⓢ 11, 83, 92, 124
참혹하다 to be horrible, to be gruesome Ⓣ 69, 202 Ⓢ 43, 45
창립 기념일 foundation day Ⓢ 93
창의적 creative, original Ⓣ 52, 83 Ⓢ 56
채용하다 to hire, to recruit Ⓣ 79, 128 Ⓢ 56, 82, 99
책임을 묻다 to hold (someone) responsible Ⓣ 28 Ⓢ 20
처갓집 wife's family or house Ⓢ 105
철이 들다 to become mature Ⓢ 55
첨가 addition Ⓣ 116 Ⓢ 80
첨가물 additive Ⓣ 118, 204 Ⓢ 76, 80
청결 cleanliness Ⓣ 44 Ⓢ 33
청년 실업이 심각하다 youth unemployment is critical Ⓢ 129
청소년 youth Ⓣ 30 Ⓢ 20, 114, 116
청정 clean Ⓣ 101 Ⓢ 68
청첩장을 돌리다 to send (mail) wedding invitations Ⓢ 105
청풍 refreshing breeze, fresh wind Ⓣ 197
체력 physical strength, stamina Ⓣ 77–79 Ⓢ 10, 56
체질 constitution Ⓢ 72
체하다 to have an upset stomach, to sit heavy on the stomach Ⓣ 114, 115, 130 Ⓢ 80, 86
초려 thatched-roof house Ⓣ 197
최소화하다 to minimize Ⓣ 62, 63, 206 Ⓢ 44
최종 합격하다 to be accepted (by a company, school etc.) Ⓢ 57
최초 first Ⓣ 29 Ⓢ 20
추구하다 to pursue, to seek after Ⓣ 83–85, 153, 192, 203 Ⓢ 56
추녀 protruding corners of eaves Ⓣ 125
추돌 rear-end collision Ⓣ 148 Ⓢ 98, 104
추석빔 new clothes for Chuseok Ⓣ 137–139 Ⓢ 90, 92
추수 감사절 Thanksgiving Day Ⓣ 111 Ⓢ 80
출국/입국 심사를 받다 to get the immigration check-up, to pass through immigration Ⓢ 69
출산 childbirth Ⓢ 51, 129
출산을 꺼리다 to avoid having a child Ⓢ 129
출연진 cast Ⓣ 65 Ⓢ 44
출입국 신고서를 쓰다 to fill out the immigration form Ⓢ 69
출출하다 to feel slightly hungry Ⓢ 79
충동구매 impulse buying Ⓣ 185–187 Ⓢ 123, 128
충족시키다 to satisfy Ⓣ 67 Ⓢ 45
취업 준비생 person preparing for employment Ⓣ 129 Ⓢ 92
취업난을 겪다 to have an unemployment crisis Ⓢ 129
취재하다 to cover, to report Ⓢ 26
치열하다 to be fierce, to be intense Ⓣ 102, 189 Ⓢ 26, 57, 68
친분 friendship, acquaintance Ⓣ 174 Ⓢ 16, 111, 116
친정 wife's family or house Ⓢ 105
친환경 eco-friendly Ⓣ 116 Ⓢ 80
칠십 리 70 li (miles) Ⓣ 107

콘서트 concert Ⓣ 76, 168 Ⓢ 50, 56
콘크리트 concrete Ⓣ 102 Ⓢ 68
콜록거리다 to cough Ⓢ 13

타국 foreign country Ⓢ 18, 74
타박하다 to find fault with Ⓢ 106
탐색하다 to explore Ⓣ 84 Ⓢ 57
탑승 수속을 하다 to check in Ⓢ 69

혼수 furnishings for the marital home and wedding gifts Ⓣ 154, 206 Ⓢ 104, 105
혼수를 장만하다 to prepare furnishings for the marital home and wedding gifts Ⓢ 105
혼인 서약서 marriage vows Ⓣ 153 Ⓢ 104
홍보 promotion, publicity Ⓣ 65–67, 99, 167, 203 Ⓢ 44, 106
홍보비 public relations costs Ⓢ 106
홍수 flood Ⓣ 169 Ⓢ 97, 116
화면에 찍히다 to be caught on camera, to come out on TV Ⓢ 45
화사하다 to be bright, to be radiant Ⓣ 43 Ⓢ 33
화장터 crematorium Ⓣ 191 Ⓢ 128
화재 현장 scene of a fire Ⓣ 172, 206 Ⓢ 112, 116
화학조미료 MSG, chemical seasoning Ⓣ 116, 117 Ⓢ 80
화합을 다지다 to strengthen unity Ⓣ 138 Ⓢ 93
확산되다 to spread, to diffuse Ⓣ 192, 208 Ⓢ 129
확신 confidence, firm belief Ⓣ 59, 60, 188 Ⓢ 128
확실하다 to be certain, to be solid Ⓣ 150, 151 Ⓢ 12, 104
환불 refund Ⓣ 38, 182 Ⓢ 28, 33
활기 energy, vitality Ⓢ 10
활력소 source of energy Ⓣ 62, 66, 67 Ⓢ 44
활발하다 to be active Ⓢ 21
활약하다 to show outstanding performance Ⓣ 82 Ⓢ 56
황량하다 to be bleak Ⓣ 71
횟수 number of times, frequency Ⓣ 110 Ⓢ 80
후원하다 to support Ⓢ 117
훈훈하다 to be heartwarming Ⓣ 174 Ⓢ 116
휴양지 vacation spot, resort Ⓣ 111 Ⓢ 72, 80
흐뭇하다 to be satisfied Ⓣ 107
흐뭇이 delightedly, with satisfaction Ⓣ 107
흔쾌히 willingly, happily Ⓣ 173 Ⓢ 116
희망차다 to be full of hope Ⓣ 171 Ⓢ 116

About the Author

신희랑 **Shin Hee Rang**

전 이화여자대학교 언어교육원 강사

Former Instructor of ELC, Ewha Womans University

이화여자대학교 교육대학원 외국어로서의 한국어교육전공 석사

M.A. in Korean Language Education as a Foreign Language, Ewha Womans University